Le Livre de Senior

suivi de

Lettre de Psellos sur la Chrysopée

et de

Rachidibid

Les Classiques de l'Alchimie

Collection dirigée par Geneviève Dubois

Le Livre de Senior

suivi de

Lettre de Psellos sur la Chrysopée

et de

Rachidibid

Éditions DERVY
91, boulevard Saint-Germain
75006 PARIS

© Éditions Dervy, 1993
ISBN 2-85076-608-9

INTRODUCTION

Des trois textes dont nous publions ici la traduction, seul le premier est couramment cité dans la littérature alchimique ancienne.

Le Livre de Senior Zadith fut en effet très estimé et souvent commenté par de nombreux hermétistes. Nous le tenons à la suite de notre maître comme l'un des meilleurs écrits, tant sur le plan de la philosophie que sur celui de la pratique.

Les seules obscurités que l'on puisse y trouver sont dues aux erreurs et à la corruption apportées par les copistes successifs. Le Livre de Senior Zadith fut probablement traduit d'une langue orientale en un latin décadent. Qu'il reste si clair après tant de siècles et d'avatars tient en soi du miracle.

Nous avons choisi de le présenter sans notes ni commentaires. A quoi bon ? On ne sait rien sur la personnalité de son auteur, et nous doutons fort que malgré les progrès effectués par la recherche érudite, on puisse en savoir un jour quelque chose. La même remarque peut s'appliquer au second texte, celui de RACHIDIBID, pourtant connu de GEBER mais dont FERGUSON se demande si les noms cités dans son titre ne sont pas imaginaires. Nous pensons quant à nous qu'il y aurait quelques mots à dire sur les philosophes VERADIEN et RHODIEN.

Considérons donc comme vaines et stériles toutes supputations concernant les identités d'auteurs qui n'ont cherché rien d'autre que l'anonymat. Nous nous abstiendrons également de remarques quant à l'exposé lui-même, le texte étant assez complet et parlant pour satisfaire les chercheurs authentiques, qui n'ont nul besoin de nos avis. Quant aux autres, SENIOR leur fait lui-même justice.

Nous ajouterons cependant que, depuis le XVIIe siècle, la «mode alchimique» a engendré de nombreuses déviations et absurdités diverses, propres à égarer les «fils de la doctrine». C'est à ceux qui veulent trouver les bons textes que nous dédions SENIOR surtout, mais aussi les deux autres traductions.

Le texte de RACHIDIBID, présenté comme «fragmentum», est, à l'instar de celui de

SENIOR, très corrompu, et certainement pour les mêmes raisons. Il témoigne cependant d'un souffle analogue et il nous fut très utile à un moment de notre propre recherche. Sa version en français, effectuée il y a vingt ans, était un hommage à notre maître, à ce SENIOR que nous venions de rencontrer.

Nous devons l'élégante traduction de PSELLOS à une jeune agrégée de nos amis. Ignorant à peu près tout de la pratique alchimique, mais savante en grec et en philosophie, elle était parfaitement qualifiée pour donner une version de la LETTRE SUR LA CHRYSOPÉE du célèbre auteur byzantin. Relisant sa traduction en tant que pratiquant de l'art hermétique, nous l'avons trouvée sans faille ; nous rendons donc ici hommage à ce jeune talent, espérant qu'il suscitera des vocations parmi les hellénistes de la nouvelle génération...

Juste un mot au sujet de PSELLOS. Ce fin et subtil Byzantin était un humoriste. Il le prouve tout au long de sa lettre. Et derrière le chrétien obligé se dessine le sourire de l'Hermès païen. Que le lecteur revienne souvent sur son texte : comme celui de RACHIDIBID, il est riche d'allusions et de phrases à double sens. Sa LETTRE prouve aussi que Byzance la raffinée et la savante, détentrice par ailleurs du *vrai* feu grégeois, fut et peut-être resta, jusqu'à sa destruction par les hordes islamo-asiates, un foyer vivant de l'antique Alchimie.

J.-F. G.
Tripoli, le jour du solstice 1993

Le livre de Senior Zadith

Senior Zadith, fils de Hamuel, dit :

J'entrai, moi et Oboquël, très chère Barbe[1], dans une certaine maison souterraine. Ensuite, moi et Ethasam, nous nous mîmes à contempler en entier les prisons ignées de Joseph. Et je vis représentées au plafond les images de neuf aigles aux ailes déployées comme s'ils volaient, et aux serres étendues et ouvertes ; et dans les serres de chaque aigle était représenté un grand arc avec lequel on tire ordinairement des flèches. Sur les murs de la maison, à droite et à gauche en entrant, on voyait des figures d'hommes debout, revêtus de divers vêtements et couleurs suivant leur degré

---

1. Il y a peut-être faute typographique à Charissima. Le mot Barba se rencontre aux pages 1, 19, 37, 38, 41, 47, 48, 51, 52, 56, 57. Y voir ce que l'auteur entend par là. Le présent passage serait donc : très belle maison, et non pas chère Barbe, au vocatif.

de perfection et de beauté. Ils avaient les mains tendues vers l'intérieur du logis, se tournant vers une certaine statue située dans la maison, sur l'un des côtés, proche du mur de la chambre, et à gauche de son entrée, située face à son visage, le personnage représenté était assis sur une chaise semblable à une chaise de médecin, qui portait dans son giron, tenue dans ses bras, les mains étendues sur les genoux, une table de marbre distincte de cette statue, de la longueur d'un bras et de la largeur d'une paume ; les doigts de la main étaient repliés sur cette table comme pour la tenir. Cette table était comme un livre ouvert pour quiconque entrerait et à qui l'on ferait signe d'examiner ce qui était dedans. Dans la partie de la chambre où était la statue de l'homme assis, on voyait les images de diverses choses infinies et des lettres barbares. La table qu'il avait dans son giron était divisée en deux moitiés par une ligne au milieu. On voyait dans sa partie inférieure l'image de deux oiseaux, l'un penché au-dessus de l'autre. L'un de ces oiseaux avait les ailes coupées, l'autre avait ses deux ailes. Chacun tenait dans son bec la queue de l'autre, comme si le volant voulait voler avec l'autre, et que ce dernier veuille retenir le volant avec lui. Ces deux oiseaux étaient liés, homogènes, représentés en une sphère comme étant l'image de deux en un. La tête du volant était proche d'une sphère, et au-dessus de ces deux oiseaux, touchant le sommet de la table près des doigts[1] de la statue, l'image de la lune éclairante. De l'autre côté de la table, une autre sphère regardant vers l'oiseau du bas. Il y avait donc cinq choses au total, c'est-à-dire en bas deux oiseaux, l'image de la lune, et une autre sphère.

Dans l'autre moitié de la table, au sommet, vers les doigts de la statue, il y avait l'image du soleil émettant des rayons comme l'image de deux en un. Et de l'autre côté, une autre image du soleil avec un rayon descendant. Cela fait trois, à savoir deux lumières, qui sont les rayons de deux en un, et le rayon d'un, descendant presqu'en bas de la table entourant une sphère noire divisée dans son contour en deux tiers et un tiers.

---

1. Dans l'image primitive, les doigts devaient tenir le haut de la table et non le dessous. (Cf. plus loin : « Au sommet vers les doigts de la statue »). Il est évident que le texte de Senior a été corrompu par des copies successives ; le latin est mauvais et il manque souvent le verbe. Nous prions donc le lecteur d'excuser une bonne fois pour toutes certaine lourdeur ou inexactitude de traduction. L'essentiel étant de respecter l'esprit de la théorie et de la pratique, nous souhaitons une traduction parlante, non nécessairement élégante.

Le tiers a la forme de la lune croissante, sa partie intérieure blanche sans noirceur. La sphère noire l'entoure et leur forme est comme la forme de deux en un, et un soleil simple, qui est l'image de un en un. Tout cela fait semblablement cinq ; et l'ensemble fait dix, suivant le nombre des aigles et de la terre noire.

Je te les ai tous montrés et j'en ai composé mon écrit. Nous ne l'avons que par la grâce de Dieu, dont le nom soit béni, pour que tu comprennes et saches bien tout cela et ce qui repose sur cette connaissance. Je t'ai dépeint chaque image de cette table, et où se trouvent les images et les figures dans leurs lieux, pour que tu puisses juger grâce aux chapitres suivants ce que signifient ces figures.

Je t'ai montré et je t'ai expliqué ces dix figures, et à la fin de mon écrit, je t'en ai fait la démonstration, ce que je ne pouvais pas faire clairement sans l'écrire ; et je t'éclaircirai manifestement ce qu'a dissimulé ce sage qui a fait la statue dans cette maison, dans laquelle il a décrit toute cette science de sa pierre et l'a faite clairement voir à ceux qui sont intelligents.

J'ai reconnu que cette statue est la représentation du sage, et que ce qui se trouve dans la table qui est sur ses bras et ses genoux dans son giron est sa science cachée qu'il a décrite par figures pour l'adresser à celui qui la reconnaîtrait et la comprendrait, et saurait de plus près ce que le sage a voulu dire par là. En effet, c'est ce qui est en-dedans qu'il faut sonder et connaître subtilement l'étendue de la science, par le moyen des discours obscurs et typiques, quand on aura confronté ces discours avec les images et les figures, les uns ouvrant les autres, et qu'on n'aura pas travaillé sur la pierre cachée.

Dialogue du soleil avec la lune croissante

Dans ton extrême finesse, je te donne la beauté de ma lumière par laquelle on arrive à la perfection. En effet, tu seras par là exaltée au plus haut. Pour commencer, la lune dit au soleil : « Ô soleil, j'ai besoin de toi comme la poule a besoin du coq ; il me faut ton opération, ô soleil, sans arrêt, car tes propriétés sont parfaites, tu es le père des luminaires. Quand moi, la lune froide et humide, et toi, soleil chaud et sec, nous aurons copulé en égalité d'état dans la maison qui ne contient rien d'autre que du léger portant en lui du pesant, dans laquelle nous demeurerons et vivrons en elle comme la femme avec son mari. Et lorsque nous serons conjoints, ô soleil, dans le ventre de la maison fermée, je recevrai de toi l'âme par des caresses. Si tu me ravis ma beauté, et si je deviens chétive par ton approche, nous serons exaltés dans l'exaltation des esprits quand nous monterons la succession des six. La lampe de lumière sera déversée dans ma lampe, et toi avec moi comme le mélange du vin avec l'eau douce; et j'empêcherai mon écoulement après que j'aurai été revêtue de ta noirceur; couleur qui deviendra comme de l'encre après ta solution et ma coagulation. Quand nous serons entrés dans la maison de l'amour, mon corps sera coagulé, je serai dans ma vacuité».

Le soleil lui répondit : « Si tu faisais ainsi et que tu ne m'apportes pas de dommage, et que mon corps revienne, je te donnerais une nouvelle puissance de pénétration, après quoi tu aurais la force de résister à l'épreuve du feu dans les fusions et les purifications desquelles tu sortiras sans diminution ni assombrissement, comme il advient au cuivre et au plomb ; et tu n'attaqueras pas, n'étant pas agressive ».

Heureux celui qui comprend mes paroles ; ma dignité ne lui sera pas refusée, il ne sera pas corrompu par la chair du lion malade. Ce que tu as rapproché de moi, je ne nie pas qu'il augmente le plomb. Donc ma lumière m'abandonnant, mon ornement s'éteint ; parce qu'on prendra du cuivre de mon corps pur et de l'onctuosité du plomb purifié ; dans le syllogisme, leur poids est dans le sang des boucs ; on discernera le vrai du faux. Je suis le fer dur et sec, qui broie fortement ; tout ce qui est bon est par moi ; la lumière, le secret des secrets, est engendrée par moi ; nulle autre chose n'est l'agent de mon action. Celui qui a la lumière a été mis en lumière hors de l'obscurité ; après quoi il est mené à la perfection, il se relève de la maladie et de la faiblesse ; celui-là se montrera grand par le flux de sa tête et de sa queue. Ces deux propriétés, et dans les sept ordres des poids, cinq d'entre elles sont sans obscurité et cinq sont de beauté éclatante.

Leur exposition te sera donnée. De ma vertu, de mon calcul et de la propriété du soleil.

Perfection du soleil

Le soleil est la clef de toutes les portes ; il est sans aucun doute orienté dans le firmament en ligne droite. C'est là la distinction des sept parties ; cette division est la rectification et l'expulsion des ordures de ces choses ; elle nous ordonne de retourner à la décoction et à la destruction, et aussi à leur tempérance en ôtant leur vêtement sombre; c'est la coagulation sans division. Après que tu auras fait cela sept fois, ce que tu as divisé par sept étoiles, tu l'auras purgé; et cela sera broyé minutieusement jusqu'à ce qu'on le voie pareil à des perles. C'est la déalbation, qui révèle le doute de la ressemblance à l'eau des nuages. En elle te sont montrées les fleurs dorées, l'accomplissement de toutes les couleurs changées en apparence de la queue de paon; c'est par chaque étoile en particulier que se fait l'entrée dans le corps décrit du nombre restant des étoiles. C'est là la perfection de la coagulation sans fausseté, où se fait le soleil parfait.

Teinture

Son père est le feu. Elle a grandi dans le feu et ne craint pas ses forces, mais y reste fixe sans le fuir. Elle est colorée dans le corps jusqu'au cœur. C'est le fils vil, le plus cher d'entre les fils. Sa préparation est difficile et cachée. Les hommes ont en vain essayé de l'obtenir, et n'ont rien obtenu de semblable à elle, ne l'ayant jamais estimée à sa valeur. Mais toute difficile soit-elle, délicate, facile, modique, légère, proche, celui qui est ingénieux la comprend en examinant subtilement, d'un esprit éclairé, ce qui a été laissé dans les livres, et que les philosophes ont caché concernant la préparation qui est la plus difficile des choses. C'est ce qui est le moteur dans l'élixir, qui, à l'impression de la teinture, commence à exercer la puissance et mène à l'action.

Toute préparation à ce sujet est vaine. De ceux qui en la préparant ont empêché la chose de produire son effet et l'ont réduite à rien : leurs actes sont faits dans l'ignorance, ils ne suivent que le désir de leur idée. Il en résulte que, voyant ce résultat, ils disent : « Nous l'avons préparée de toutes les façons, mais nous n'y sommes pas arrivés ; pourtant nous avons opéré avec science et nous avons travaillé avec des préparations savantes ». Pour cela ils sont plus fous que les fous, d'avoir préparé ce qui n'a pas de teinture en soi, toute chose qui tend vers le néant. Ils croient bien faire, mais ils ne gagnent rien par leur travail et en sont cependant orgueilleux ; aveuglés qu'ils sont, dans l'im-possibilité de voir la vérité, ceux qui font des préparations tombent dans leur opinion [1].

---

1. Ceux qui suivent des recettes.

Les sages anciens ont dit de ce genre d'homme : « C'est un bouc qui ne connaît rien ; on s'accorde à considérer qu'il devrait labourer ou faire paître les chameaux. Il est cependant hautain envers celui qui est savant et que tout expert reconnaît comme tel ; il erre comme le vulgaire ayant les yeux fermés, il dort ; sa barbe conviendrait aux enfants. S'il avait la chose, il n'en trouverait pas la préparation. Or la chose ne peut être menée à sa perfection qu'avec sa préparation, et toutes les opinions de ces gens sur cette question sont fausses, par lesquelles, avec leurs petits discours, ils n'ont attiré que les ignorants avec leurs petits discours ».

L'ignorant sème de la coloquinte et espère un manger mieux ; mais quand il ne trouve pas ce qu'il espérait, il retourne à son idée et l'accroît ; il dit alors que c'est par malchance. Ensuite les boucs cherchent la tête dans les testicules, et dans les nerfs, et dans le ventre, sous prétexte que la vie ne se fait pas sans eux. N'est-ce pas une marque du peu de discernement de ces ignorants et de ces censeurs ? Si je disais que les oiseaux engendrent des hommes, ou que le grain de blé produit du galbanum, ou que le palmier porte des grenades, ou que les volatiles font des poissons, on me répondrait que je dis une fable. Les choses n'engendrent que leur semblable, les choses ne fructifient que leurs propres fruits ; ne reviendront-ils donc pas de leur ignorance ? Les brebis galeuses en arrivent-elles même au blâme de leurs actes, mais d'abord au doute. Ils ont dit que le père de l'argent et de l'or était dans la terre et la mer ; quelques-uns ont dit qu'il était dans les arbres, d'autres dans les pierres ; ils en ont été réduits là à cause des erreurs par leur crédulité aux choses apprises et ont rejeté les choses louables et la vraie signification de la science ; les yeux des boucs mâles ne peuvent voir les choses manifestes aux yeux des hommes et des femmes. A travers les sentences, si nous considérons les planètes, il n'y a aucun désaccord entre nous, en ce que nous en pensons.

C'est d'elles et en cela que le sage fait sa préparation, et de là notre opération se produit, par l'ouverture des serrures. Par Dieu, si on étend sa main vers lui, on ne la ramènera pas vide ; mais est en mauvaise voie l'affaire de celui qui ne sait pas comment y parvenir, ne connaît ni la clef ni le mouvement de la serrure et le coagulum de la teinture. Aussi ne parvient-il pas à l'art.

Fixation

Tout ce qui est figé par les deux peut pareillement être figé par un. Il faut prendre la partie qui reste sans les autres parties, en connaissance de cause, et tout sera fait de tout visiblement. Qu'on les recueille avec la science et les allégories du soleil et de la lune; retourne-toi vers leurs racines, avec les rameaux à part, doublées par la conjonction et la ligature des deux oiseaux par la queue; vois comment l'un est empêché dans sa montée, celui qui est sans plumes du fait de son peu d'humidité; c'est le véritable soufre rouge. On a été aveuglé par les noms et les surnoms donnés dans leurs livres, mais les clairvoyants ont bien éprouvé par leur science ce qui est teint et ce qui est tingent, qui reste durable sur quelque feu que ce soit. Quand il est approché du feu, c'est une teinture, car toute teinture est en lui comme dans les luminaires et il a été créé possédant la splendeur. Les ailes et les plumes en ont été coupées; il reste permanent et ne se retire pas vers le haut. Son âme s'envole du fait de sa similitude, alors quand la lampe a des ailes, elle s'élève en situation; son âme monte hors de lui et est exaltée dans le ciel comme l'est le soleil, comme l'est l'orient dans la lune croissante ; alors elle revient à lui-même et s'abaisse pour l'animer et s'humilier.

Sublimation

J'ai marié deux luminaires en mouvement ; il en a été fait comme une eau ayant en mouvement deux lumières comme nous le voyons au soleil ayant deux rayons qui pleuvent sur la cendre morte, et ce qui était voué à la mort et était comme mort après un grand dénuement, a ressuscité. Elle est la sœur et c'est son frère, par qui ils se sont endurcis et mariés par la subtilité de la préparation, en se figeant. Mais après la conception, on les a fait voler et ils sont allés dans la maison de la montagne, cela veut dire au luminaire croissant, la lune croissante et deux oiseaux en viennent.

Considère donc sa première préparation, réfléchis à cela et au soleil, et aux deux soleils, à ce qui est le plus utile des trois, trois analogues ayant le brillant du rouge. Quatre, s'ils sont de cinq qui ne font pas de mouvement ; et trois sont pris de deux ; le soleil et les deux soleils ne montent pas.

L'âme de cette projection est triple ; la force du supérieur et de l'inférieur est semblable.

Hermès dit vrai, que la couronne des sages est devenue le résidu de cette eau, qu'elle ne laisse pas la chose aller dans l'eau comme les ténèbres, mais qu'elle vivifie la terre à la manière de la pluie tombant sur terre ; comme deux tiers et un tiers brûlé ; le premier ensemble du commencement a été rassemblé en elle, ainsi que tu vois son image dépeinte. Ce qui nous a été laissé n'est pas à découvert ; serrure et serrure à l'intérieur d'une serrure. Il en existe une clef, de racine vile, et que dans l'opération on rejette par ignorance et n'est pas plus vile. Comparez les figures avec l'explication, nous n'avons pas d'image plus parlante que cette peinture. Qui la voit possède la considération et le discernement de la clef, c'est-à-dire le soleil rayonnant, avec justice et non avec injustice.

Coagulation

Ce verset suit l'explication de ses allégories et de ses images, par des paroles claires et manifestes, bien qu'il soit allongé par la répétition de choses déjà dites. Il est congelé par la même eau, cependant elle est congelée ; et l'eau courante est la mère de ce qui est congelé ; il en provient ; elle fut la femelle et lui le mâle.

Marie dit encore : « L'eau dont je vous ai parlé est le roi qui descend du ciel ; la terre s'en saisit avec son humeur ; l'eau du ciel est retenue avec l'eau de la terre à cause de sa captivité et du sable. Elle l'embellit, et l'eau est rassemblée dans l'eau, Alkia dans Alkia, et Alkia est blanchi avec Alkia ». Ce sont les paroles du praticien qui a voulu amener l'âme dans l'esprit jusqu'à ce qu'elle lui soit mélangée, qu'elle s'y assemble et qu'il s'en fasse une seule chose semblable à du marbre. Sache qu'on a parlé là de l'eau que j'ai mentionnée, qui est le roi descendant du ciel en terre, qui par son humeur la saisit et retient l'eau du ciel par l'eau de la terre. Il a voulu entendre par là l'eau divine qui est l'âme ; il l'a appelée Roi parce qu'elle est spirituelle, qu'il est extrait de la terre et qu'il monte dans le ciel. Et quand il dit qu'il vient du ciel, il entend par là qu'on le rend à sa terre. Ce roi que nous avons ainsi nommé, je te l'expliquerai par cet enfant qu'ils ont mentionné, engendré dans l'air, et dont la conception a été faite dans la terre ou en bas ; c'est là la vertu céleste d'en haut que l'eau a acquise quand on a extrait l'air de l'eau.

Hermès dit : « En elle les vertus supérieures et inférieures sont accomplies ». Et Marc en dit : « Je ne l'ai pas vue, ni comment sa mère l'a conçue ». Un autre savant dit d'elle : « C'est un œuf engendré dans l'air par la subtilité de l'air et de la terre ». Calid fils de Jesid dit à son sujet : « Prends l'œuf roux de la meilleure manière que tu pourras trouver, qui ne se trouve ni dans l'air ni dans la terre ». Il l'a appelé œuf roux parce qu'il est exalté et devient air, car la couleur de l'air est rousse ; par quoi il entend l'âme qui est une eau. Dans ce que je t'ai expliqué, il y a de la diversité dans les manières de parler, mais la signification est la même. Leur précepte, il est vrai, n'est pas différent ; cependant, quelques-uns se sont servis d'exemples mauvais et, de même, ils les ont mis en plusieurs endroits. « L'air étranger incorporé » signifie par ce secours l'extrait de l'opposé après la solution et la distillation. C'est presque tout ce qu'on en a manifesté ; c'est la cendre retirée de la cendre ; et c'est là la cendre dont parle Alhomianes.

Quel œuf recherche-t-on ? Est-ce que ce jour on en trouvera un plus beau ? C'est-à-dire qu'il ne leur montre pas la cendre des œufs, du lin, en procédant à leur délicate préparation, ni leur eau belle et coagulée, comme il le dit par la suite : « Et l'eau du ciel sera retenue avec l'eau de la terre ; elle est pareillement en-dedans ». Ensuite il dit : « L'eau est rassemblée, l'eau retiendra l'eau ; l'amertume retiendra l'amertume, la cendre la cendre, albriam retiendra albriam ». Tout cela est la même chose, nul ne peut trouver autre opération.

Le sage dit : « Le proche retrouve le proche ». Et de même un autre dit : « L'eau retient l'eau, c'est-à-dire l'esprit et l'âme quand ils seront cuits par la réitération des distillations ; ils seront alors mélangés par une permixtion universelle ; l'un retiendra l'autre, ils seront faits un ». Un en subtilité et en spiritualité ; et tout cela, c'est ce que tu as vu dessiné.

En vérité les deux soleils qui sont en un, et le soleil simple, c'est la terre qui existe sous cette eau brillante. Et la racine de cette eau sont les deux oiseaux liés ensemble, dont chacun retient la queue de l'autre. La racine de ces oiseaux est la pleine lune ; celle-ci est la Magnésie et l'Abarnahas parfait.

Tout arrive à toi, que ce soit par les paraboles, les similitudes, les noms, les gemmes, les fleurs, le soufre, par l'arsenic, par l'argent vif, Cambar, tout ce qui est noir, rouge ou blanc. Et toutes les choses humides, des vinaigres, des laits, des sangs, urines, spermes, fiels et autres semblables. Tout cela ne signifie pas autre chose que cette eau divine ; et toutes les choses semblables à l'eau parce qu'on a assimilé celle-ci à tout ce qui est subtil dans les choses humides et autres, et à l'œuf composé à partir de ces choses.

Explication de la Table

Le fils d'Hamuel, auteur de cet œuvre, dit : « J'ai feint des ennemis dans le poème des figures et des images, lesquelles, comme je l'ai déjà dit, ont été décrites sur le marbre tenu dans le giron du Sage assis près de la porte de la maison qu'il s'est construite, et faisant montre de sa sapience, comme je l'ai déjà dit dans ce qui précède, au commencement de mon poème. Ensuite, j'ai passé en revue ce qui a été expliqué de la signification des susdites figures, et même de la façon la plus parfaite que je peux pour raconter au long la vertu de cette chose par le témoignage des autorités des sages anciens. C'est pourquoi je m'efforce à diriger mon discours vers tout ce qui demande explication dans ces figures et images et leurs racines, ainsi que leurs premières préparations et quelqu'autre chose.

En effet, ces figures que le Sage a disposées sont comme la racine de la Science et des préparations, et sont toute la science et sapience. Et comme lui-même n'en a pas tout expliqué, et qu'il manque des explications à plusieurs exposés, attributions, et pareillement aux couleurs et aux noms qui désignent les ordres de préparation, je l'ai fait moi-même à la fin de mes versets, en le développant manifestement, j'ai expliqué mon discours suivant l'image des sages anciens, pour joindre le sens plus intérieur et la certitude, et pour révéler ce qui reste couvert chez les autres. J'y ai exprimé métaphoriquement l'eau foliée de couleur pure ; c'est elle que les sages ont nommée par tous ces noms ; ils l'ont encore appelée eau divine et terre étoilée. J'ai fait cela à cause de la multiplicité de ces noms dont je me suis souvenu, que j'ai multipliés suivant leurs attributions à cette eau, que j'ai démontrée par ses noms avec leurs couleurs ».

Le Sage dit : « Cette explication est une démonstration sans envie ; je n'y ai rien fait de typique, mais je l'ai indiquée pleine et manifeste ».

Signification générale de la table de droite

Sache donc ce que sont les dix figures que le Sage a décrites. Cinq à la table de droite jusqu'au milieu. Ce sont : la lune demi-pleine, et la lune pleine, de l'autre côté, au-dessus, au bord de la table. Et trois autres en bas : à savoir deux oiseaux, et une pleine lune. Cela fait cinq, et c'est la première moitié du temps, que ne précède aucune autre préparation. Cette moitié du commencement du travail est la distillation, l'atténuation, et l'extraction de l'âme du corps dans l'eau spirituelle ; et ce corps est leur pierre composée. Ensuite la distillation de l'eau seule. C'est là le dernier point du premier travail, et c'est l'eau pure.

Signification générale de la table de gauche

Dans l'autre moitié de la table, jusqu'à son extrémité en allant vers la gauche, il y avait cinq choses comme tu les as vues décrites dans le verset ; desquelles trois sont en haut, une simple et une faite de deux, celle-ci est le deux en un ; c'est la figure du soleil ayant deux rayons descendants. Et le soleil simple n'ayant qu'un rayon, c'est la figure d'un en un. Au-dessous, dans la partie inférieure de la table, la figure pareillement de deux en un ; c'est ce qui est appelé le monde inférieur.

Tandis que dans la partie supérieure, c'est l'image de la spiritualité divine en laquelle est portée l'eau qu'on appelle or ; ils nomment cette eau divine du nom de toutes les choses de nature humide, de vinaigre, d'urine, de laits, de graisses, de sangs, de spermes. Ils appellent cette eau avec les noms de toutes les teintures et des fleurs. Ils entendent par là l'âme de la pierre qu'ils ont exaltée dans cette eau qui est la leur. Ceci est à propos de la génération dans la seconde préparation. Ils appellent aussi cette eau : nuée vivifiante pour le monde inférieur. Par tout cela ils entendent l'eau feuillée qui est l'or des philosophes, que le Seigneur Hermès appela œuf ayant beaucoup de noms. Le monde inférieur est le corps et la cendre brûlée, à laquelle est rendue l'âme honorée. La cendre brûlée et l'âme sont l'or des sages qu'ils sèment dans leur terre blanche, la terre des perles étoilée, feuillée, bénite, assoiffée, qu'ils appellent terre des feuilles et terre d'argent, et terre d'or. Par tout ceci ils entendent leur corps calciné et blanchi.

Cette eau triple est le soleil décrit avec deux rayons, c'est la figure de deux en un ; et le soleil simple qui n'a qu'un rayon ; qui est la figure de un en un (qui sont la terre) ou (qui sont trois). C'est l'eau des deux natures, et ils appellent cette eau *triple,* parce que c'est une eau qui est *trois,* c'est-à-dire l'eau, l'air et le feu. La terre noire qui est en bas est le monde inférieur, fait de deux mélangés et tempérés; c'est la figure de deux en un. C'est la terre venue de deux corps. Tous pareillement sont au nombre de cinq, qui sont en une sphère comme la pleine lune. Dans son ventre est la figure de la lune, et deux rayons, et le troisième rayon descendant du ciel vers le bas, c'est-à-dire de l'extrémité supérieure de la table à l'extrémité inférieure, en entourant la terre. Celle-ci est la troisième terre. La première est celle qui entre dans leurs corps, la seconde est leur terre faite de l'œuvre lunaire, qui est le commencement du second œuvre.

Le second qui suit est la rubification, qu'ils appellent le deuxième œuvre et l'œuvre du soleil. Elle est faite par la troisième partie de l'eau divisée en neuf parts. Le troisième est la deuxième déalbation, qui est le début du second œuvre, qui suit la seconde noirceur, laquelle est la troisième noirceur du second œuvre; elle noircit leur terre blanche lorsqu'elle pénètre en elle, puis ensuite la blanchit. Cette seconde déalbation, les sages philosophes l'appellent la première déalbation parce qu'elle est le commencement du second œuvre, après qu'est faite la rubification avec le reste des neuf parties d'eau; parce qu'ils passent sous silence la première préparation toute entière, qui est la dissolution, la distillation et l'extraction de l'esprit de leur pierre, après leur disposition et la première combinaison, qui n'est précédée d'aucune opération. Ils ont appelé second œuvre ce qui est la deuxième déalbation et le commencement du second œuvre, et ils ont appelé second œuvre la rubification solaire et la déalbation lunaire. Tu dois entendre ces sophismes qu'on trouve dans les écrits des sages.

Ce que tu as précédemment fait monter au-dessus, ces trois parties d'eau préparée, est mis sur leur terre blanche feuillée. Tout doit être dissous et devenir une terre avec l'eau sur elle en couleur de poix liquide. D'où était nécessaire la première préparation, ainsi qu'en est la coutume. C'est là la putréfaction du corps par le feu des bestiaux subtil et léger, en 150 jours ; elle apparaîtra peut-être en 50. Certains diront 120 jours et la blancheur paraît peut-être en 70. Cela n'est pas approuvé chez tous, parce que peut-être signifient-ils par le blanc la chaleur du feu et la bonté de la préparation qui paraît plus tôt, ou parce que cela veut dire le renforcement de la chaleur du feu.

Ce qui reste des eaux sont les six parties qu'on appelle les teintures, ou l'eau rouge et sanguine, et du nom de toutes les choses rouges. Elles sont blanches manifestement mais elles colorent en rouge. Le second œuvre est le blanchiment, et les sages ont rassemblé ces deux œuvres en un. Car quand ils parlent de l'un, ils parlent aussi de l'autre, d'où on doit lire diversement leurs écrits.

Quand donc la noirceur sera nettoyée, qu'elle aura été réduite à la blancheur, ils imbibent leur terre avec ces parties, qui sont les six parties divisées en six fioles ; et ils ont dix couleurs qui apparaissent dans la composition, à savoir suivant le nombre des neuf aigles, et la dixième est la fèce de laquelle elles sont extraites, que je t'ai remémorées dans le prologue du poème précédent, et que je vis dépeintes dans tout l'Elbarba, c'est-à-dire la maison, et ce qui est aux pieds des puissants, lesquelles je raconte ici.

Ces choses sont tout ce qui était dépeint sur la table ; je les ai décrites comme je les ai trouvées à ce moment-là et rassemblé les connaissances parmi celles qui sont en son épître. Et j'ai compris le sens de ce qu'indiquait ce sage, extrait de ce qu'il nous a laissé de son œuvre voilé, qu'il a décrit par figures. J'ai fait ceci afin que cela soit plus proche aux chercheurs de cette science.

Leurs dix racines qui sont la perfection de l'œuvre sont cinq [1], à savoir mâle et femelle et leurs trois œuvres qui entrent dedans, qui sont les salures pénétrantes sur le mâle et la femelle. La première salure, suivant eux, est pareillement mâle et femelle.

La seconde qu'ils appellent ici air, parce que dès lors parvient dans sa préparation, ce qui précède la deuxième salure dont nous parlons. Il se fait alors deux mâles sur une femelle. Ensuite la salure entre à nouveau dans ce corps récent, qui est la deuxième femelle, et en tout il s'en fait quatre, c'est-à-dire deux mâles et deux femelles, desquels sortiront quatre couleurs, et ceux-ci sont les nombres. Comprends ce commencement du nombre, le premier et le deuxième, et tu dix deux ; et ceux-là sont trois en nombre. Après, tu dis trois qui sont en nombre six. Après tu dis quatre, qui font dix en nombre, pour le nombre manifesté, mais cependant quatre pour le nombre occulte. Par ces nombres, en effet, tu parfais la magnésie, laquelle produit Abarnahas de quatre. En vérité, dix sont quatre et en sont extraits ; et en eux quatre sont dix. Ce sont quatre natures, c'est-à-dire terre, eau, air et feu, à partir des-

---

1. *Scilicet* a peut-être ici le sens de « aussi », ce qui rendrait mieux compte du nombre de 10 racines.

quelles consiste toute créature. Comprends bien cela.

L'air, en effet, fait germer les semences, c'est par lui qu'elles montent en l'air, à cause de lui qu'elles s'étendent et croissent. C'est pourquoi on a dit que l'air est le médiateur entre le feu et l'eau. Par sa chaleur et son humidité, il a accueilli l'eau et le feu ; il est effectivement voisin du feu par la chaleur, et de l'eau par l'humidité.

Ils ont donc signifié par le médiateur, l'air, parce que tout esprit subsiste par la subtilité de la fumosité de l'air ; raison pour laquelle nous disons que l'enfant de la sapience est né dans l'air, quand il est sublimé à travers l'alambic. C'est ainsi que se fait l'eau vivifiante, qui vivifie leur terre et l'embryon qui est dans la terre, lequel est l'âme retirée de leur corps.

Deuxièmement, quand elle est reversée au-dessus vers la fin de l'œuvre, sache que l'air qui se tient entre le ciel et la terre, par lequel existe la vie de toute chose, va et vient sur vos quatre natures dans leur occulté, qui sont la terre, l'eau, le feu, l'air ; il court sur elles en état de rectitude et d'amélioration, et il est chaud et humide.

Semblablement, l'âme est extraite de leur pierre quand, après la mort de celle-ci, sa vie existe. Et comme l'air est la vie de toute chose, pareillement leur eau est la tête de leur œuvre, la clef et la vie de leur corps mort, qui est leur terre bénite assoiffée. De même que l'air est chaud et humide, leur eau est pareillement chaude et humide ; c'est le feu de la pierre, c'est un feu entourant, et l'humidité de leur eau est l'eau. Quand l'air est cuit pendant un plus long temps, il devient feu, en forme d'air ayant l'action du feu. Car après que ce travail sur l'air a été réitéré, que la chaleur est à nouveau venue sur lui, il est devenu de plus forte chaleur, par qui ses choses brûlent, noircissent et blanchissent, car il est devenu l'ouvrier de l'opération, le feu ; non en vérité, mais suivant la similitude des mots qui expriment l'opération du feu.

Hermès, roi des Grecs, dit : « Dans cet air, il y a un air et un non-air ». Il dit aussi : « Leur feu que nous t'avons montré est une eau, notre feu est un feu et un non-feu ». Et comme le dirent les sages : « Les hommes attirent l'esprit de l'air, duquel, par la volonté de Dieu, consiste leur esprit ». De même, l'airain des sages attire l'esprit de leur humidité et acquiert la force ; cet airain croît et est nourri comme les autres choses qui reçoivent de l'accroissement. Sache que par attraction de l'air, l'esprit prospère et que sa vie en provient. Par là est signifiée l'âme de la pierre qui a été rendue ténue par l'extension de l'esprit dans la fixation. Par ce qu'il l'a revêtue, elle est rendue ténue et subtile pour la multiplication de la chaleur dans la fixation du feu, c'est-à-dire pour la force du feu et sa combustion. Comme elle prend sa vie de l'air, qui est la vie de toutes choses animales et végétales dans lesquelles il y a augmentation, elle devient air et la vie de celui-ci qui pénètre et vivifie ce mort après sa mort ; à cause de quoi les sages dirent : « Change l'eau en air pour que soit faite la vie qui est en lui, et son esprit qui pénètre avec lui, duquel est faite la vie de toute chose, et l'air pareillement vivifiant chaque chose ». En vérité, l'air vient de l'eau, mais n'en est pas séparé, et c'est de l'un et de l'autre que consiste la vie de toute chose.

Sache donc ce qu'est cette préparation, et ce que cela signifie ; et abandonne toute autre chose. Cela n'est tiré ni des animaux, ni des végétaux, ni des pierres inanimées, adustibles, corruptibles ; rien d'autre n'est semblable à cette préparation, parmi toutes les choses inutiles dont s'occupent les hommes.

C'est en effet une eau chaude, un air calme, une terre fondante, un feu entourant. C'est cela qu'ils firent en rendant corps leur eau, quand elle fut figée au feu. C'est là qu'ils la débarrassèrent de son humidité superflue par la force du feu. Ensuite ils en dissolvèrent dans l'eau, puis mirent en préparation afin que, par le feu, elle soit exaltée en air.

Après cela, ils l'ajoutèrent à leur préparation ; celle-ci fut rendue chaude, ignée, brûlante, puissante, qu'ils appelèrent le feu dans leur opération ; ces quatre natures étaient en elle et par elle, et sont engendrées à travers elle ; et les contraires se réunirent en cet unique. C'est pourquoi cette âme qui pénètre devient vitale dans l'esprit par attraction de l'air, à la suite de la réitération de sa sublimation, c'est-à-dire de la distillation, par laquelle réitération elle devient un feu, mais de plus forte chaleur et brûlure que le feu.

C'est là la préparation par laquelle les hommes ont été aveuglés, ont erré dans une longue erreur, parce qu'ils ignoraient cette pierre préparée par cette préparation. Par cette préparation première, la vertu supérieure et inférieure parvient dans cette eau ; laquelle est la mer des sages, ainsi que le dit le sage aux studieux. Hermès : « Elle a été rendue dominante sur les supérieurs et sur les inférieurs, faisant des effets admirables dans les choses et leurs contraires, car elle noircit, blanchit, rougit, endurcit ce qui est mou, amollit ce qui est dur. Son frère est la cendre extraite de la cendre avec leur cœur blanc ».

Deuxièmement, ce qu'ils nomment terre bénite, assoiffée, est cendre, qui est le ferment. L'eau de l'or est le ferment, les corps sont leur terre, le ferment de cette eau divine est la cendre qui est le ferment du ferment. C'est ce que la sage Marie a appelé en un certain endroit de ses livres le caillé, comme étant ce qui coagule leur eau en leur terre, qui est le corps second. C'est la couronne de la victoire ; ils l'ont appelée argent, à cause de l'intensité de sa blancheur. Ils y ont fait allusion par leurs paroles sur leur eau feuillée : « Mêlez l'or avec l'or », c'est-à-dire mêlez l'eau et la cendre. De cette cendre, et de leur corps second blanchi, Hermès dit à son fils : « Sème l'or dans la terre blanche feuillée ». Donc Hermès a nommé ici or leur eau blanche, parce que l'âme tingente se cache dans leur eau blanche quand l'esprit la domine par sa chaleur et sa blancheur. Il a appelé leur corps terre blanche feuillée. La pleine lune est l'eau des philosophes et la racine de la science. La lune est en effet la dominatrice des humeurs ; la lune croissante en haut, la lune double en haut, sont les trois parties de l'eau.

Et je te fais savoir, fils, que j'ai fait des recherches sur la participation de la lune pleine à la figure de la lune qu'a décrite le sage, auprès de la lune pleine, et qui l'avoisine. J'en ai retiré la signification. Et si cette sphère, qui est la figure de la lune pleine, n'était pas bonne, on ignorerait ce que cela peut être. Celle-là est toujours la lune dans sa perfection et dans la plénitude de sa lumière.

Par tout cela, le sage se propose de rapprocher l'œuvre qu'il a découvert de ceux qui le découvriront.

La lune pleine est la Magnésie, qui est l'Abarnahas parfait; c'est la pierre parfaite et ronde; c'est une mer; d'où j'ai compris qu'elle est la racine de la science cachée. J'ai encore compris que les deux oiseaux sont venus de la lune pleine, parce que le sage les a dépeints tout près, comme je les ai décrits pour toi en son lieu parmi mes versets afin que tu saches et que tu comprennes cela. Lorsqu'il les a dépeints, il a aussi dépeint de l'autre côté la lune demi-pleine, parce qu'ils en proviennent; ils en sont les rameaux et elle est leur racine, d'où ils sont venus et parce qu'elle est le tout et une partie du tout. Et parce que d'eux deux il sort deux fumées, la tête de l'un est à la queue de l'autre, comme tu l'as vu. C'est là ce que le sage a fait comme discours sur eux, de même qu'il a fait sur la pleine lune, pour exprimer par sa pleine lune que les deux oiseaux étaient liés ensemble à partir d'elle ; et moi, j'ai su la chose qu'il entend désigner par la figure de la lune pleine. Car la lune est la maîtresse de l'humidité.

Étude spéciale de la Table placée à droite, qui contient l'opération et la matière première de la pierre bénite

I – Des deux oiseaux joints ensemble

Sache que ces oiseaux sont le mâle et la femelle dont parlent les sages, qu'ils sont leur pierre lorsqu'ils sont mariés et coagulés, comme tu as vu par leur figure qu'ils étaient coagulés, conjoints et faits une seule chose. Il paraît pourtant qu'ils soient deux, et cette chose unique vient des deux qui, étant condensés, ne font qu'une chose de quoi elle a été faite, et cela est la pleine lune soit dans l'état de diminution, soit dans sa plénitude dont l'aspect est celui de pleine lune. Chacun de ces deux oiseaux retient l'autre. Le coagulé, en effet, retient Kaled ; c'est le mâle qui retient le volant. Le volant est femelle, qui a ses ailes entières. Ce volant veut voler avec ses ailes, mais est retenu par l'oiseau qui n'a pas d'ailes.

Et cela est le commencement du premier œuvre. Il empêche en effet le volant de voler, le fait rester avec lui; ils sont attachés, retenus et mis en prison. Est mâle en effet celui qui, sans ailes, se tient sous la femelle, tandis que la femelle a des ailes. C'est pour cela qu'on a dit: « Projetez la femelle au-dessus du mâle, et que le mâle monte au-dessus de la femelle ».

II – Des trois images de la lune que l'on voit autour de ces deux oiseaux

Quand tu feras pénétrer en eux les trois autres, c'est-à-dire la lune double et croissante, l'ensemble sera fait quelque chose d'autre. Mais chaque partie des trois ne pénétrera sur eux que dans son vase et dans son ordre de préparation, et elles n'entreront pas de la même façon. Quand il y aura eu deux personnes et trois auront été parfaites, le tout sera coagulé et fait un. D'abord Abarnahas imparfait était deux. Mais quand les teintures sont entrées, quand les pluies seront tombées du ciel, alors ce sera Abarnahas parfait, et c'est là l'œuf roux qui a en lui tout ce qui lui est nécessaire; c'est leur mer, le père de l'or et la mère des cieux. A cause de quoi ils ont appelé cette pierre, après sa déalbation, le deuxième or. Ils ont dit:

« Notre or n'est pas l'or vulgaire » ; et cela ils le signifièrent dans leur énoncé, avant la salure qui est la déalbation.

Après que le mâle et la femelle eurent été noircis, ils blanchirent l'or et cette méthode a une triple intention. Premièrement, ils ont dit que les oiseaux étaient blanchis ; c'est-à-dire le premier composé qui est mâle et femelle ; parce qu'il était noirci, et après cela la femelle l'a blanchi et a surmonté sa couleur. Ensuite ils sont noircis tous les deux, parce que le feu l'a noirci lors de la préparation. Ils ont appelé ce noircissement la première conjonction, parce que le mâle est conjoint à la femelle ; c'est le signe de la parfaite conjonction et de l'embrassement de l'un par l'autre. Ils ont nommé ce travail du nom de toutes les choses noires, comme dans le deuxième noircissement, à savoir charbon de roche, poix, antimoine, alkali, martali et d'autres noms encore. C'est l'argent vif extrait de Cambar, sans figure ni similitude et c'est l'extraction de l'âme de la cendre. La cendre qui est nettoyée devient ensuite une fèce, car par la suite nous n'en avons plus besoin.

Ils ont pareillement appelé leur cendre chaux et verre, et leur litharge, et eau pure, parce qu'elle est purifiée des ténèbres de l'âme, de la matière de la noirceur. En effet, on la sépare de sa malice qui est la mauvaise terrestréité. Ses feuilles et ses fleurs sont son âme et son esprit qui sont en elle; ils l'ont appelée l'eau colorée par ses couleurs.

Une autre signification de cet exposé est la déalbation de l'or; c'est la préparation de l'âme avec l'eau spirituelle, jusqu'à ce qu'elle soit blanchie, qu'elle la domine avec sa couleur, qu'elles deviennent ensemble blanches, brillantes, ayant lumière et éclat; après, l'âme colore. Quand il est parvenu à ce terme de déalbation et de préparation, il est subtilement devenu un esprit avec lequel elle a été préparée; il est alors appelé, cet esprit, une eau purifiée, ou eau divine.

Une troisième signification de cet exposé sur la déalbation de l'or veut dire la déalbation de leur corps, qui est leur terre blanche, après l'introduction des trois premières parties en lui, prises sur les neuf parties, et la manifestation de la noirceur en lui. D'où, lorsqu'ils dirent: « Blanchissez l'or », ils entendirent par cette parole la troisième signification. Quand donc ils dirent blanchir l'or, ils comprirent, sous cette unique manière de parler, trois significations. Au premier de ces trois, ils donnent le nom de mâle de l'or. Ils l'appellent âme extraite de celui-ci, après l'achèvement de la pierre par ses mélanges à l'or, et c'est l'or des sages en vertu. De quoi dit Hermès : « Semez l'or dans la terre blanche feuillée ». La terre blanche feuillée est la couronne de la victoire, elle est la cendre extraite de la cendre, et leurs corps second. En effet, ils appellent leur corps celui en lequel ils sèment leur or. C'est comme quand ils disent dans leurs livres, suivant la similitude dans des exemples : « Extrais le sel alkali », c'est-à-dire à travers la noirceur, ils entendent leurs corps et, par leur sel, la cendre et l'âme qu'ils en ont extraite. A la vérité, les hommes qui lisent dans les livres des modernes qui en parlent extraient le sel alkali des teinturiers, travaillent sur ce sel, et ne profitent en rien. Par là et par de semblables choses, les hommes ont dévié de la connaissance de leur pierre. Sache que cette noirceur est la teinture de tout, qu'elle se reproduit après que la teinture a recouvert la blancheur, cela est à la fin des préparations, et après que sont terminées les distillations et les réductions de l'eau sur la terre. Ils dissolvent cette teinture avec l'humidité, qui en provenait au commencement, et à la fin avec le feu, comme tu le vois dans le grain Hospho, ou ossoto, qui est naturellement augmenté dans sa semence avec l'eau et le feu, nourri, et la teinture engendrée en lui et par lui-même. Cela nous est montré par Heffor, dans lequel il y une teinture dans son sommet. Ils ont dit à cause de cela : « Changez l'or en feuilles », c'est-à-dire faites en sorte qu'elles aient la couleur des feuilles, afin que nos feuilles soient de la couleur. Ils ont voulu par cela parler de leur premier blanchiment, qu'ils ont nommé salure, et coagulation de tout en blanc.

Jetez les feuilles, c'est-à-dire les dissolvez, qu'elles deviennent de l'eau ; et quand le corps sera blanc, alors extrayez son âme qui est son soufre et sa teinture, qu'ils appellent gemme et colle d'or ; elle est extraite après purification et solution dans leur eau spirituelle avec sublimation et distillation. Et ils ont appelé cela tamisage. D'où ils ont dit : « Crible ceci avec le tamis et le tissu », ce qui veut dire la cucurbite et l'alambic. Là ils ont caché le nom de la cucurbite et de l'alambic, et ont dit crible et tissu. Quelques-uns des sages, qu'on appelle les aïeux du monde, ont dit : « Vase sur vase ».

Quand ils firent l'extraction de cette âme, celle-ci devint parfaite dans leur eau spirituelle qui est l'esprit humide, en la préparant toute seule avec son eau dans la sublimation, jusqu'à ce qu'elle soit atténuée dans la distillation par rectification, qu'elle soit clarifiée et convertie en esprit par l'esprit humide, avec lequel ils l'ont mouillée et dissoute. Après que le corps fut devenu fixe et sec, ils lui appliquèrent l'âme par putréfaction et par solution ; ensuite, ils l'extrayèrent avec ingéniosité de son corps, en la retenant. Faites de la sorte, par désunion et dissolution du corps, elle reste dans l'eau qui est son semblable, qui est son père dans la préparation, jusqu'à ce qu'elle se convertisse elle-même en esprit. Alors elle pénètre et s'étend dans les corps avec l'esprit humide, que les sages appellent l'oiseau d'Hermès, parce que c'est le préparateur, le gouverneur et l'extracteur de son corps. C'est celui qui rétablit son corps, qui le vivifiera après sa mort, de cette vie après laquelle il n'y aura plus de mort. C'est pourquoi la vie y est infusée comme l'esprit dans le corps.

Ensuite, ils travaillèrent ce corps qu'ils ont appelé feu, avec la dissolution des âmes et le transformèrent quant à l'âme avec l'humidité. Alors ils l'appelèrent âme et sang de l'air [1] et or, et teinture, et du nom de tout ce qui lui ressemble.

Ils l'ont appelée aussi embryon, et engendré. Il commence en effet à être un embryon par multiplication en montant dans l'air ; et par la suite de la préparation, en descendant dans cette eau préparée, il commence à être une

---

1. Ou sang du cuivre ?

chose qui n'existait pas en elle. C'est pourquoi les sages ont dit : « Faites que la chose soit une chose ». C'est ainsi qu'est faite leur pierre qui agit sur la chose. Tout ce qui est entre les mains des hommes est vide et vain, parce que la vertu qu'on appelle embryon, et engendré, n'est engendrée que par leur pierre tingente, d'une autre manière que toutes les pierres du monde, soit sèches, soit humides ; par putréfaction et par la chaleur des ailes, comme le poulet est formé ; et comme l'homme est formé du sperme, et aussi les autres animaux. C'est ainsi que la chose est formée par putréfaction et chaleur des ailes. Ensuite ils opérèrent sur cette âme par atténuation et subtilisation, par changement en esprit, afin qu'elle teigne et s'imprime dans les corps. C'est pourquoi les sages disent : « Trois et trois font un ». Ils disent encore : « Dans un, il y en a trois », et « L'esprit, l'âme et le corps sont un, et tous sont venus d'un ». La préparation est ce qu'ils appellent leur conversion, dans la préparation d'un état en un autre état, d'une chose en une autre, de la faiblesse à la puissance, de l'épaisseur à la ténuité et à la subtilité, de même qu'est préparée toute seule la semence dans sa matrice par une préparation naturelle, passant d'une chose à une autre chose, jusqu'à ce qu'il s'en forme un homme parfait comme celui qui fut sa racine et son commencement ; sans rien y changer, sans qu'il sorte de sa racine ; une chose devenant une autre sans qu'on y fasse entrer rien d'autre, si ce n'est le sang menstruel duquel la semence fut faite, c'est-à-dire le sang qui lui est semblable et dont elle tire sa nourriture. Et pareillement pour l'œuf qui, sans apport d'autre chose en lui, est converti d'un état en un autre état, divisé en une chose et une autre, devient un poulet qui vole comme celui de qui il a eu sa racine et principe.

De même toutes les femelles, toutes les choses qui naissent de la terre, putréfient et sont purifiées. La putréfaction ou corruption y entre, ensuite elles germent, sont augmentées et deviennent ce de quoi elles ont eu leur racine et commencement. D'après cela, les minéraux ne sont pas changés, de telle sorte qu'ils sortent de leur racine, mais qu'ils retournent à celles dont ils sont venus ; ils ne sont pas changés de celle-ci en une autre, et qui parle autrement parle faussement.

C'est donc là la conversion et la division que tu entends dans le livre des sages. Ne te propose pas diverses eaux ayant de la couleur ; beaucoup travaillent sur les cheveux, le fiel, les œufs, parce qu'ils ne comprennent pas la vraie sapience. En effet, les sages appelèrent, selon les règles, Kibric ce qui est sec, brûlable et brûlant, comburant. Ils appelèrent Abmitam l'âme, parlèrent en clair dans leurs discours des soufres et de l'âme. Les sages entendent cependant cette âme tirée de leur pierre que je t'ai désignée, qui est changée d'état en état dans la préparation, laquelle âme ils ont appelée les soufres et les corps. Pareillement, ils ont appelé leurs corps les soufres, et soufre rouge, et c'est l'âme. Les hommes se sont mis à travailler sur les soufres que le vulgaire connaît, qu'ils nommèrent âme d'après leur idée ; en même temps qu'ils parlèrent de transporter le soufre blanc dans leur eau. Ce n'est pourtant pas le soufre, mais il fait l'opération du soufre. D'où les sages firent leur devoir envers les hommes quand ils dirent : « Notre soufre n'est pas un soufre vulgaire », parce que le soufre vulgaire est brûlé, tandis que le soufre des sages reçoit par la combustion la blancheur et l'amélioration. La combustion des sages, c'est toute la déalbation. De celle-là j'ai parlé un peu partout dans mon livre qui est appelé *Clef de la sagesse majeure*.

Ils appellent encore ces trois : argent vif, entrant dans le mâle et la femelle, qui blanchissent le composé, teignent et sont teints par lui.

L'autre table placée à gauche, qui contient l'Opération de la Pierre des philosophes très éclairée par les figures

A ce sujet, les sages dirent que leur pierre consiste en cinq choses, et ils dirent vrai ; parce que par là ils entendent le mâle et la femelle, et ces trois argents vifs. Quand ils dirent qu'elle consiste en un, ils dirent vrai, parce que tous ceux-là viennent d'un. Et aussi quand ils dirent qu'elle est de sept, qu'ils ajoutent aux précédents ce qui survient en eux, qui provient des couleurs, des vertus, des natures et des saveurs. En conséquence, ils dirent aussi dix, comme étant venu d'un, car en un il y a dix, et ce sont les parties supérieures, c'est-à-dire célestes ; le soleil double ayant deux rayons et le soleil simple un. Ce sont les fleurs qu'ils appelèrent pour la foule les fleurs des arbres, c'est-à-dire les fleurs de la pierre, qui sont l'âme, et la teinture de l'âme, et les teintures du soufre, et les soufres qui sont dépouillés dans ce mélange qu'est la magnésie après la putréfaction et après la distillation, une certaine partie après l'autre et peu à peu. Car cette âme ne sort pas de la pierre en une seule fois, mais bien en plusieurs fois, petit à petit, une partie après l'autre.

Digression de l'auteur vers d'autres sujets, qui paraissent cependant se rapporter à cette opération

Ensuite il est parlé de ce que l'on a appelé l'âme et les âmes, la fleur et les fleurs, la teinture et les teintures, le sang et les sangs, la graisse et les graisses, au sujet de sa sortie avec l'esprit, peu à peu, une fois après l'autre, en s'élevant dans les airs ; à cause de quoi ils ont dit les âmes, et ils l'ont appelée l'esprit et les esprits, parce que sa nature a été rendue subtile, qu'elle est devenue ténue et subtile après que l'âme a été faite. Aussi ont-ils appelé esprit ce avec quoi ils l'ont extraite de son corps. C'est avec lui qu'ils l'ont préparée et l'ont réduite en esprit ; l'esprit est unique et l'âme est unique par la sortie de l'esprit du corps, c'est l'Abarnahas parfait.

Ils l'ont encore appelé la magnésie quand peu à peu, une fois après l'autre, après sa rentrée en lui sur les âmes, progressivement, ils ont fait les ordres des préparations ; il est alors nommé esprit et c'est un esprit unique. Pareillement, ils ont appelé le corps et les corps de même manière, parce que les corps sont mâles et femelles, liés ensemble et coagulés. Et les trois imbibitions, ils les ont appelées le nourrissement, et salures, et verre, et alun calciné, et cendre, et lien blanc, et sable et du nom de toute chose sèche ou similaire.

En effet, quand l'âme est coagulée avec le mâle et la femelle, qui en proviennent et sont de leur racine, l'une de ces trois imbibitions est mâle. Ils l'ont appelée l'air qui sera à ajouter, parce qu'elle est rendue mâle; et sont achevés deux mâles et deux femelles, et entre eux il y aura une femelle. Tous les quatre sont faits, deux mâles et deux femelles; la maison est terminée dans ses quatre parties et dans son toit. C'est la pierre parfaite de cinq, cinq corps sont fait qui sont un parce que c'est le même. C'est là-dessus que le sage dit: «Il y a trois communautés; chaque communauté est une coagulation, ce qui fait qu'il y a trois coagulations». Il a signifié par là ces trois autres qui ont été coagulées avec le mâle premier et la femelle; et c'est là la teinture cherchée et la chose parfaite.

Un autre auteur change leurs noms, comme celui qui parle de trois terres. Desquelles la première est celle des perles, la seconde la terre des feuilles, la troisième la terre de l'or. De même, ils ont appelé arsenic jaune et arsenic rouge, l'âme et l'esprit qui sortent de ce mélange. Par le rouge, ils entendent l'âme tingente. Ils appellent encore cette âme tingente soufre rouge, et l'esprit, arsenic citrin, parce que l'esprit blanchit les âmes et est surmonté par leur couleur. Ils appellent l'âme airain; c'est une fumée lourde; et ils ont appelé l'esprit lermick, d'argent, parce qu'il blanchit leur airain; et parce que l'esprit domine par sa couleur sur cette âme, il la blanchit, comme l'argent blanchit leur cuivre. Aussi fut-il possible aux sages de parler du corps et des corps, de l'âme et des âmes, de l'esprit et des esprits. Si l'âme sort par son esprit, ils diront l'âme et les âmes, l'esprit et les esprits, le corps et les corps; ils ne diront cela qu'à cause de ce que je t'ai démontré à propos de sa sortie peu à peu. Ils ne mentent pas, parce qu'elle sort par parties, et que chaque partie possède esprit, âme et corps. Il y a une chose, et une autre qui est partagée en plusieurs par sa pénétration dans la première selon les degrés des ordres de préparation. Elle est dite esprit, l'esprit, âme, et l'âme, le corps et les corps; comme je l'ai mis au net et démontré par leurs paroles au sujet de ce qui est plusieurs ou n'est qu'un seul, ou consiste en choses diverses. Cela s'entend quand la racine est rassemblée, et signifie ce qui entre en elle, les parties qui ont été divisées, venant d'elle-même, dans une préparation qui la convertit d'une chose en une autre, d'une couleur en une autre couleur, de saveur en saveur, et de nature en nature. C'est pour cela qu'on a multiplié ses noms et ses désignations, ce qui rend possible de dire qu'elle est faite de plusieurs, ou d'un ou de diverses choses. Mais ce pluriel est unité, ne vient de rien d'autre. Tout ce qu'ils ont dit, et que je t'ai expliqué, sur ce qui est plusieurs et qui est un, et est diverses choses, c'est un seul et même qui n'a pas de second. S'ils ont parlé de plusieurs, ils ont dit vrai, parce que ce qui entre en lui provient de ce qu'ils ont divisé de lui, et lui-même vient d'eux, ce qui fait que ce qu'il a d'extérieur en lui, ou ce que les parties ont d'extérieur en elles, ce sont les couleurs, les saveurs, les états, qui se changent au cours de la préparation. Ce sont des choses diverses et des nombres de nuits et de jours dans la longue préparation. Car cette médecine qu'est l'Elixir n'est pas accomplie sans ces diverses choses, et ce travail sans beaucoup de jours pour le terminer. Ils voulurent ne transmettre cela que typiquement, en nous remémorant les sept planètes, les douze signes, leurs natures, leurs couleurs, et tout ce qui est en eux. L'exemple en est dans le grain de blé, dont le grain ne devient un germe que par diverses choses, tout en étant une chose unique ; et que diverses choses en fassent la préparation pendant de nombreux jours et nuits, par l'humeur de la terre et la chaleur du soleil. Car d'abord la terre doit avoir été labourée et ensemencée, ensuite moissonnée ; après il est battu, ventilé, et par plusieurs autres opérations des hommes, le grain est extrait ; ensuite il est nettoyé, moulu, tamisé, pétri, fermenté, cuit et le pain se fait. Cela ne se ferait pas sans les diverses choses susdites, sans de nombreux jours, nuits et heures ; et de cela on peut déduire ce que nous avons écrit ci-dessus. La multitude des préparations est si variée qu'à peine peut-elle être comprise. Après cela surviennent les sophismes des sages, comme par exemple quand ils disent que notre chose est une seule chose. Cela veut seulement dire qu'elle vient d'une chose, mais de plusieurs qui, ayant été préparées, deviennent une. Ce qu'ils disent là t'a montré la signification en soi, non dans la parole.

Quand en effet ces choses ont été rassemblées, venues de pierres semblables, leurs noms, leurs natures, leurs saveurs, odeurs, opérations et nombres sont divers. Malgré cela, quand elles sont réduites à cela de quoi elles sont venues, tout est un en vérité. Ils ont donc dit vrai partout. Mais les hommes ne comprennent pas leurs paroles ; ils ne saisissent pas ce qui est proposé ; aussi dans leur opinion prennent-ils le faux pour le vrai et le vrai pour le faux ; ils ne doivent en rapporter la faute qu'à eux-mêmes, non aux sages. Leur erreur provient de leur ignorance de l'intention de ceux-ci ; quand ils écoutent diverses paroles, cette intention reste inconnue à leur pensée, restant cachée dans l'esprit de leur auteur. Les hommes ne comprennent que la lettre et la désignation, aussi sont-ils trompés, ce qui était à manifester étant resté enseveli dans l'occulte. Car, parmi les sages, celui qui parle de l'âme entend la teinture complètement extraite de la pierre elle-même. Ceux qui ont parlé des teintures, des fleurs, des âmes, des graisses, et autres choses semblables, et en plusieurs endroits de sang, des sangs, de vinaigre, des vinaigres, veulent dire par cette teinture l'âme que nous disons être les âmes. Et suivant cette manière et cette préparation, elle est dite dans les esprits.

Celui qui s'efforcerait de trouver une autre chose qui ferait ces opérations ne trouverait rien ; c'est en cette chose qu'est toute l'intention des sages ; comprends pareillement que c'est dans leur pierre ; on ne la trouve pas par recherche soigneuse ou étude.

C'est à ce sujet qu'il dit encore : « Ils ont étudié pour rechercher autre chose qui fasse ces opérations, et ils n'ont pas pu le trouver». Ceux-là cherchent des teintures qui leur fassent de l'argent et de l'or avec une autre pierre; mais les sages ne peuvent pas extraire de teinture d'une autre chose, et ne purent rien trouver de différent que cette pierre. Ils disent que la science est dans toutes les choses créées, dans les pierres terrestres et autres, mais ceux qui les préparent ne trouvent pas de profit, et par leur ignorance ne s'en éloignent pas.

Marchos dit encore : «La pierre du milieu, des sages, est sans nul doute une pierre citrine, qui fond dans le feu de fusion du plomb; elle rougit d'une telle rougeur que jamais par la suite elle ne sera plus citrine; elle a une huile brillante et rouge comme un rubis». L'huile est de plus rapide pénétration dans l'eau que le feu, parce qu'elle est du genre de l'eau; bien qu'elle soit une pierre. Car, qui dit esprit entend tout ensemble les esprits et les âmes qui entrent pareillement dans le corps dans les degrés de préparation, peu à peu, une partie après l'autre. La teinture est toute l'eau tingente. La teinture, c'est les six parties réservées en six fioles, avec lesquelles leur corps blanc est teint, qu'ils appellent leur terre, lorsqu'elles entrent dans ce corps. Ce sont elles qu'ils ont assimilées aux fruits des arbres, qu'ils ont appelées leurs aluns, et l'eau rouge. Cependant, elle n'est pas rouge, mais ils l'ont ainsi appelée à cause de son opération.

Pareillement se fait l'extraction de l'âme de son corps avec l'esprit qui sort lui-même, quand le corps sera altéré et dissous peu à peu, une partie après l'autre. Il n'est en effet pas pénétré en une seule fois. Ces parties sont celles d'un esprit unique hors lequel il n'y en a pas d'autre. L'esprit fait partie de cela, mais l'âme est diversifiée par cet esprit qui est sa racine ; par lui elle a acquis une chaleur et une humidité par la chaleur du feu, a pris la nature du sang et de l'air, elle qui auparavant était un corps sec, chaud et igné, ou semblable à cela, elle est sortie après chaude et ignée. Comprends ce processus, quand tu changes le froid humide en chaud humide.

Semblablement, quand ils disent l'eau et les eaux, ils entendent par cette parole une eau, qui est l'esprit, vis-à-vis de laquelle les eaux sont passives. Comprends et étudie cela, parce que tu trouveras que cela est véritable.

Une autre manière est chez les animaux et les espèces où il y a mâle et femelle, chacun par soi entrant en l'autre et ayant esprit, âme et corps. A cause de quoi, ils ont dit : « Les esprits, les âmes et les corps». Et du fait de la multiplication, des conversions, des états d'altérations, de la mort, de la vie, de la génération, de la lactation, des bains, de la nutrition, la sapience a été nommée de ces noms. Parce que cette pierre est différente de toutes les pierres quant à sa nature, sa perfection, l'absorption de sa nourriture, sa croissance dans sa préparation, qui font que rien ne peut être assimilé à nos préparations. Car elle vient d'une semence pure ayant beaucoup de bénédiction. Si elle était, comme les hommes le croient, l'une de leurs pierres terrestres, ou végétales, ou du sol, elle ne serait pas appelée la sapience, car il n'y aurait en elle ni mort, ni vie, comme dans les leurs ; ni mariage, ni conception, ni génération d'enfant, ni nourrissement, tout cela étant dans nos préparations, à qui nous donnerons les noms de nos animaux et de nos pierres, que nous voyons, que nous effectuons, mais non par leurs vaines préparations.

Adresse donc toujours des grâces à Dieu glorieux et très haut, puis l'assemblée des hommes, adopte la vie solitaire et médite longuement sur tout ce que tu as et que tu as appris par mon explication, que je t'ai exposée dans ces trois livres par lesquels tu seras capable de décider des paroles des sages, et de tout ce qu'ils ont laissé comme enseignement, par types, par figures, images et paraboles, et ainsi tu connaîtras leur pierre et sa préparation ; non pas comme celui qui a rendu obscur le livre et la façon d'y arriver. Certains dirent en effet : « Prends telle et telle chose », etc. mais à tort et dans leur intérêt cupide. Ne fais pas attention aux livres de ceux-là, et ne doute pas des nôtres qui te parviendront. Si les ignorants te contredisent, ou sont humiliés selon leur propre pouvoir, ne leur parle pas de ce que tu as ; ne désapprouve pas leur vanité par des similitudes de la vérité qui est devenue tienne. Sois avec le vrai partout où il sera et délaisse ces gens-là ; car je ne vois rien d'autre à rechercher que ce qu'ont trouvé les sages. Mais ceux-là sont embrouillés dans la vanité, s'arrêtant au hasard sur ce qui n'est pas digne d'être considéré, du fait de leur grande ignorance et de leur défaut d'esprit.

Mais par l'exposé que j'ai fait, j'ai apporté pour toi l'entendement de la sapience. Le cœur de la sapience est dans la constance. De là tu pourras voir que les chercheurs ignorants de cet art sont pareils à des bêtes car ils ignorent ce que tu as su. Lorsque tu auras compris ces trois miens livres, le livre de la Clef majeure de la Sagesse, et ce livre avec les choses qui te parviendront par mes vers sur l'art et verabaha, c'est-à-dire ses figures, similitudes et images, avec la signification de ces images, tu deviendras plus savant que tous ceux-là.

C'est un homme à part que celui qui possède une raison bien disposée, un esprit subtil qui perçoit de peu de choses la signification de beaucoup ; aussi, à partir de cette doctrine, beaucoup de choses te seront ouvertes, beaucoup de paroles deviendront manifestes par les leurs. Il faut longtemps pour qu'un autre vienne à bout par lui-même de ce qui est révélé dans un livre des sages, ou même dans plusieurs livres, comme je l'ai révélé moi-même. Qu'en est-il pour ceux qui ne comprennent pas ce que je dis, alors que j'ai lu et étudié jour et nuit, et travaillé pendant tant d'années ? Ensuite, j'ai exposé pour eux ; j'ai réfléchi à ce sujet sur l'inspiration et l'incertitude ; par là, j'ai été fléchi à leur laisser cette science. Les plus vieux d'entre eux, chez qui est le jugement, ne comprirent pas une lettre de ce que leur expliquai. Je me rapprochai de leur pensée, mais après cela ils s'affairèrent dans la préparation de leurs cuisines et de leurs poulets, des cheveux, de leurs pierres dépourvues d'humidité, sèches, brûlées, corruptibles, froides, mauvaises, dans lesquelles ils cherchent, quoiqu'elles n'aient pas de teinture, de quoi teindre l'or et l'argent. Ainsi donc, ils sont tombés dans l'erreur, et sont devenus lésés d'un dommage visible.

L'auteur retourne à la continuation de l'opération

Revenons donc au sujet duquel nous nous étions écartés, c'est-à-dire l'extraction de l'âme de son corps effectuée peu à peu, progressivement.

Marche de l'opération

Le roi Marc dit une parabole de la chasse au lion, qui est un symbole de cette opération suivant la disposition qu'il en a faite, car elle recèle dans ses similitudes les procédés représentés en parabole, en vue de faire savoir aux survenants combien de choses savaient les philosophes, combien il y eut et il y a de méchanceté dans les hommes, et d'orgueil, qui les ont rendus ignorants de cette science, qui est pourtant si proche pour ceux qui ont de l'intelligence. Le roi Marc dit donc à sa mère : « Comment t'y prends-tu pour chasser le lion ? » Sa mère fut surprise et dit : « Je le surveille quand il veut prendre son chemin; quand il sort, je le devance. Il s'assoit sur la route, et je lui creuse une fosse au milieu du chemin (par laquelle on entend la cucurbite). Je construis sur la fosse un toit vitré, afin que lorsqu'il y sera entré, je puisse voir comment il meurt, comment sa couleur est attirée après sa mort et passe d'une couleur à une autre. Quand il s'est approché de la retraite, j'allume un feu sans fumée dans cette fosse, qui ait une flamme s'élevant au-dessus des stakonos, c'est-à-dire au-dessus des charbons noirs, comme la tendre mère s'approche du ventre de son fils». (Il assimile la subtilité de la chaleur du feu à l'approche de la tendre mère du ventre de son fils). Sa mère lui dit alors : «Ô Marc, ne faut-il pas que ce feu soit plus doux que la chaleur de la fièvre ?» Marc lui dit : «Ô mère, qu'il soit fait en état de fièvre». Puis ensuite : «Ô mère, je reviens et j'allume ce feu comme tu me l'as ordonné et j'y mets cette pierre, que pose sur ses yeux celui qui la connaît, et que rejette celui qui ne la connaît pas.

Quand je l'aurai apportée sur le feu, elle fera une odeur que le lion aime. Alors quand le lion sent l'odeur de cette pierre, il vient vite pour entrer dans le repaire vitré, il tombe dans la fosse, où cette pierre l'avale, de sorte que je ne peux plus rien voir de lui. Et cette pierre que le lion aime est femelle, c'est pourquoi elle le recouvre de sa couleur, ce qui fait que je dis : je ne verrai plus rien de lui. Par là, il veut se reposer pendant sa préparation, et tant qu'il entre de la nourriture en lui. Il sort sa main droite. Laquelle, dès qu'elle est sortie, je la coupe. Ensuite, il repose à nouveau pendant quelques jours, et il sort sa main gauche. Je la coupe quand elle est sortie. Puis il se repose et il sort son pied droit. Je le coupe quand il est sorti. Puis il sort son pied gauche, et je le coupe encore. Alors il est tué. Après cela, je rassemble la tête, les mains, les pieds, je les réchauffe dans l'eau extraite des cœurs des statues faites en pierres blanches et jaunes, laquelle tombe du ciel par temps de pluie. Nous la recueillons et la mettons en réserve en vue de la cuisson de la tête, des mains et des pieds de ce lion. Quand nous les avons fait cuire, nous prenons leur jus, nous le nourrissons dans un vase de verre, et le rendons après au corps de ce lion que nous cuisons avec son jus. Il nous indique par cette cuisson le mélange et la réduction jusqu'à ce que l'âme soit libérée, peu à peu, qu'elle soit toute ramenée sur le lion, cuite avec lui, et distillée jusqu'à ce qu'il ne reste rien de l'humidité qui est dans ce corps, qui ne sorte avec l'eau, c'est-à-dire l'âme ».

L'auteur explique la parabole précédente

Lorsqu'il dit : « Quand ce lion sera cuit, nous décantons le jus et nous jetons ses chairs », il entend par là appeler les chairs, les fèces de la pierre. Et lorsqu'il dit : « Nous le réchauffons dans l'eau extraite des corps des statues de pierre », il veut dire par les cœurs, les âmes des pierres recueillies dans la Magnésie, qui sont le mâle et la femelle et leurs pères, sont du blanc et du jaune, à savoir le premier mâle dont la couleur est obscure, et le deuxième mâle, que nous disons devenir mâle, qui est de nature aérienne ; la couleur en eux est le rouge. Lorsqu'il dit encore : « Elle tombe du ciel en temps de pluie », la pluie est la distillation de leur eau.

Après cela, nous prenons ce jus et le faisons cuire dans un vase de verre, petit et en bon état, jusqu'à ce qu'il rougisse, se coagule et devienne une pierre ou un rubis, que nous mettons dans la barbe dans l'eau, aussi longtemps que cette pierre devienne brillante. Par ces paroles, il entend la cuisson de l'eau avec l'âme après l'extraction hors de ses résidus, jusqu'à ce qu'elle soit cuite et intimement mêlée par une mixtion universelle, mixtion qu'ils appellent coagulation.

Lorsqu'il parle du rubis, il entend par là l'âme tingente, parce qu'alors elle a acquis la vertu du feu car, bien qu'elle soit blanche, par le fait que l'esprit lui impose sa couleur, il sait que cette âme est semblable à un rubis rouge, bien qu'elle se cache dans l'eau et ne soit pas apparente, et qu'il l'amène à cette préparation par la décoction, de sorte qu'elle parvienne avec certitude à ce terme où elle est tingente et pénétrante, qu'il désigne comme le rubis en couleur. J'ai fait observer plus haut qu'ils ont appelé leur eau l'âme de la pierre, ce qui fait qu'il dit : « Dans cette pierre qui n'est pas pierre, il y a cependant leur eau séparée ». Et où il dit : « Nous le mettons dans la barbe », c'est-à-dire dans la maison ; il désigne par là le lieu dans lequel leur corps est mis, à savoir que ce lieu est leur terre blanche, dans quoi ils mettent leur or et dans lequel ils coagulent leur eau. Et quand il dit qu'elle brille, il entend par cette manifestation la lumière de la teinture qui est dedans ; comme, dans un autre endroit, la barbe est la cucurbite qui rassemble tout leur œuvre. En effet, les sages se sont servis de divers symboles dans leurs désignations, et diffèrent dans les noms à cause de cela ; mais la pensée qu'ils expriment est la même. Il en est de même pour ce qu'ils disent de l'extraction de l'âme de cette pierre, c'est-à-dire du lavage avec l'eau et le feu ; car cela n'est pas courant par soi-même. Aussi quiconque voudra laver la chose la lave avec cela, comme je te l'expliquerai afin que tu saches ce que c'est.

Par conséquent, leur eau est congelée ; telle est sa forme quand elle est entrée dans une chose où elle est enfoncée et coagulée en elle. Quand ils veulent l'extraire, ils la chauffent avec leur feu, qu'ils lui ont proportionné et qu'ils ont caché. Quand elle trouve la chaleur de ce feu, elle est dissoute et devient eau courante. Quand elle aura été préparée, elle reviendra à sa forme première, sera congelée, et sa blancheur augmentera.

Pareillement, quand elle sera dissoute, elle ne sera pas dissoute entièrement ; il ne s'en dissoudra qu'un peu, et en continuant avec patience et recommençant la préparation. Et ce qui sera extrait chaque jour peu à peu est ce dont parle Marc à sa mère à propos de la chasse au lion, l'extraction de sa main droite qu'il coupe, puis celle de la main gauche, jusqu'à ce qu'il arrive à ce que tu as entendu.

Vient ensuite la seconde manière qu'il a prescrite. Arrivé à ce point, on est à cette autre prescription. Ce qu'il dit être congelé et dissout, blanchit toute chose, rejette toute noirceur, teint tout ce qui est noir et le rend blanc, teint tout ce qui est blanc et le rend rouge. Aussi cette chose est-elle magnifiée et exaltée ; elle devient la seigneurie sur toute chose, car on ne trouve rien faisant son opération.

Opération de la teinture

Marchos dit encore : « La pierre du milieu, des sages, est sans nul doute une pierre citrine, qui fond dans le feu de fusion du plomb ; elle rougit d'une telle rougeur que jamais par la suite elle ne sera plus citrine. Elle a une huile brillante et rouge comme un rubis. L'huile est de plus rapide pénétration que l'eau, parce qu'elle est du genre de l'eau, bien que ce ne soit pas une pierre ». Il entend par l'huile l'âme dont il a parlé précédemment, qui ne sort pas par le feu, mais c'est l'eau qui l'extrait par la préparation, comme nous te l'avons fait voir. Et donc Marchos dit au roi Théodore : « Que Dieu te fasse connaître que ce qui sort de l'opposé au ténu est la tête du monde. Ne vois-tu pas que de l'eau, qui est plus vile qu'elle, la perle subtile est formée ? Ou ne considères-tu pas que notre Créateur nous a formés du limon de la terre par

cette puissance de Dieu glorieux et très haut ? »
Par tout cela, ils nous signifient leur pierre, de quoi elle est et de quoi ils la firent. Elle vient de l'eau vive, qui vivifie les choses ; leur pierre elle-même est vive et immortelle, qui peut brûler le feu ; et par là est extraite la vraie teinture, kalid, c'est-à-dire fixe, incombustible, tandis que son grain, d'abord, était combustible. Et n'importe quoi d'autre en quoi entre la corruption, la combustion, la destruction, n'a pas en soi de teinture. S'il y en avait dans quelque chose combustible et corruptible, ce serait une teinture non fixe et corruptible, comme la racine de laquelle elle est sortie.

C'est pour cela que les sages ont dit que ce qui est fixe fait les choses fixes. Hermès dit que le secret et la vie de toute chose est l'eau. L'eau assure la vie des hommes et des autres vivants ; c'est dans l'eau qu'est le plus grand secret. De cette façon elle devient ferment dans le ferment, elle devient olive dans l'olive, et dans chaque arbre la gomme, dans les parfaits l'huile. Tout ce qui est engendré a son principe de l'eau. Le Seigneur, dont les noms soient sanctifiés, a dit : « Nous avons fait toute chose de l'eau ». Celui qui a fait dans ces choses le ferment, l'huile, la gomme et la graisse l'a fait suivant sa volonté. Il ne faut donc pas chercher la vie et la teinture parmi les morts et les combustibles, qui n'ont ni teinture ni vie. Tandis que l'eau reçoit la teinture. Je comprends que soient aveuglés du cœur et des yeux, que leurs oreilles soient rendues sourdes, tous les hommes, par ces similitudes et indices. Ils lisent et ne comprennent pas ; ils étudient et ne perçoivent pas. Ils ont ignoré la vérité et l'ont rejetée. Qui se fourvoiera de la vérité sera jeté dans ce qui est vain.

Marchos a encore désigné l'eau qui est la leur, quand Sénèque lui dit : « Tu m'as nommé, ô Roi, la merveille des merveilles, quand tu as dit : Tu la vivifieras après sa mort et elle teint d'une couleur après une couleur ». C'est-à-dire leur terre teinte avec leur eau vive.

Marchos dit : « Telle est la nature de cette eau » ; pour cette raison ils l'ont appelée la Dame de la barbe, c'est-à-dire des maisons, au-dessus de tous les autres noms, et en firent la tête du monde. Le monde est la Magnésie, nom que lui donne Hermès, qui dit : « C'est le monde mineur ». De même : « Il y en a un qui ne mourra pas tant que durera le monde, qui vivifie tout ce qui meurt, manifeste les couleurs cachées, dissimule les manifestes ». Sohalta dit : « Ô Roi, comment cela peut-il être ? » Marchos répondit : « Il y a en cela quelque chose d'admirable, car si tu le mettais sur ces trois mélangés, et que tu l'enlèves, en eux le blanc subsistera au-dessus du citrin et du rouge et les blanchira, ainsi que le noir part dans la blancheur. Ensuite le citrin l'aide au-dessus du blanc et du rouge de même qu'il rend citrine par la citrinité de l'or. Ensuite il aide le citrin rouge à être au-dessus du citrin blanc, tellement qu'il est rectifié et rendu en rougeur Chermerine ». Quand tu verras cela, alors réjouis-toi. Tandis que s'il restait de la noirceur après le rougissement, tu as mal opéré dans la préparation, tu as corrompu tout avant que ce soit travaillé, tu dépériras de douleur à cause de ta faute et de ta pauvreté. Ce sont là des richesses incomparables dont je t'ai remémoré l'explication dans mon livre qui est appelé la Clef de la Sapience, dans la découverte de l'eau qui sort de la femme avant la sortie de l'enfant, que les femmes appellent albines ; par le fait que leur sortie est avant celle de l'enfant, elle se fait parfaitement. On interrogea à nouveau le roi Marchos sur la connaissance de la pierre. Tout homme la connaît ; son utilité est comme de tout un chacun, elle ne se trouve dans rien d'autre. Mais, d'un autre côté, l'utilité que tu cherches n'est que chez les seigneurs à barbe, c'est-à-dire les plus savants. Il lui dit : « Ô Roi, mon seigneur, la trouve-t-on quand on la cherche ?» Marchos répondit : « Il n'est pas de chose au monde aussi connue qu'elle. Chacun et tout homme en a besoin ; elle est chez lui, il ne peut pas être sans elle ». Par tout ce qu'il dit là, le philosophe entend l'eau. En effet, l'eau est trouvée en tous lieux, dans les vallées et sur les montagnes, chez les riches et chez les pauvres, chez les forts et chez les faibles. Tous les sages ont utilisé de telles similitudes pour parler de leur pierre qui est un esprit humide. Hermès dit : « Sache que ne s'assemblent pas la chaleur et le froid, l'humidité et la sécheresse, si ce n'est après extension ». On ne peut pas avoir en même temps la froideur avec la chaleur, parce que la vie des hommes dans leur souffle vital n'est qu'une eau continuelle. Si cela leur est révélé, d'eux-mêmes ils ne le trouvent pas. Donc si elle ne vient s'agglomérer, il n'y aura pas engendrement ni semence. Il te faut donc savoir que par ces similitudes, il a voulu signifier les humeurs. C'est ainsi que d'autres sages ont préparé leur pierre par ses propres commixtions de ses rameaux, de ses parties, de ses nourrissements. Ce qui la compose n'est pas contradictoire ; cela vient d'elle, existe par elle, en elle, et non d'autre chose, et cela est travaillé par l'humidité de l'eau de la mer.

Nos pierres sont en effet engendrées de la terre et sont comparées aux minéraux terreux de la terre. Il est donc à propos que nous ayons l'intelligence de ladite parole de ce sage et des autres sages. Sachent tous ceux qui ont de la raison et sont intelligents que nos pierres terrestres ne conviennent pas à la pierre des sages, qu'il ne sort d'elles aucune semence ; elles sont en effet terreuses et mortes. Il pense à cela lorsqu'il appelle la semence une gomme. En outre, tous les sages ont dit : « Ne fais entrer en elle rien d'étranger parce que cela la corromprait ; si cela y entrait, elle serait détruite ; cela ne se combinerait pas avec nos pierres et avec nos corps ». Hermès dit : « Les choses ne s'assemblent pas si elles ne sont les plus proches en leur nature ; alors il sera engendré en elles des enfants semblables. Car l'humidité est du domaine de la lune, la graisse est du domaine du soleil ». Aussi mirent-ils la graisse sur l'eau. Tout élément chaud de ceci est une graisse ; tout élément froid est humidité. La chose repose sur la subtilité de ses éléments, qui sont ensuite épaissis et endurcis selon la tempérance de leur nature, après que Dieu les a faits et leur a impartie ; elle reste dans la tranquilité. Certains sont doués de mouvement, certains sont faits limpides, d'autres sont fluents, et cela est leur semblable, comme dit le roi Aros : « Que l'eau n'est pas conglomérée si ce n'est avec son soufre semblable ». On ne trouve en mille autres choses un soufre qui lui soit semblable, on ne le trouve qu'en ce qui vient d'elle. C'est pourquoi Hermès dit que les choses ne s'assemblent que si elles sont les plus proches. Il ajoute ensuite « en leur nature » ; il ne dit pas d'une autre nature, et cela est clair et manifeste par les paroles d'Hermès. Par conséquent, la pierre des sages se parfait en elle-même et par elle-même, dans sa racine, ses rameaux, ses feuilles, ses fleurs et ses fruits. Elle est en effet comme un arbre dont les rameaux, les feuilles, les fleurs et les fruits sont venus de lui et par lui, et sur lui. Lui-même est le tout, et de lui vient le tout. Je vous dis pareillement que chaque autre chose n'engendre qu'avec ce qui est de son espèce, qui ici peut être appelé son homogène. De même, d'Adam et d'Eve est provenu tout le genre humain. Donc toute chose s'assemble avec son semblable qui lui est le plus proche suivant son espèce. Ils ont dit aussi : « Les chairs sont engendrées par les chairs ». Commence au nom du Seigneur, et sache ce qu'est sa matière. En effet, tout ce qui est en elle-même et vient d'elle-même est de la racine de sa matière ; il n'entre rien en ceci que ce qui en provient, et c'est sa racine. De même, ils en firent des fromages ; c'est ce qui en est extrait qui est en lui, de lui. Par tout cela, il a signifié sa pierre, qui est une pierre, et que ses mélanges sont en elle, et non d'autre chose. Raison pour laquelle ils nous ont présenté cette intelligence aussi bien qu'ils l'ont pu, par des similitudes et des assignations. Cependant, par aucune puissance plus profonde, par rien qui capture leur oreille, par aucune raison, on ne peut les amener jusqu'au bout à leur recherche. Le sage Averroës dit : « Vois le charpentier qui assemble le bois avec le bois qui lui est semblable ; le tailleur qui n'assemble le tissu qu'avec son semblable, le lin avec le lin, la laine avec la laine ». De même, les sages nous ont donné une pleine doctrine, et ont approché de nous leur intelligence du mieux de ce qu'ils purent faire ; pourtant on ne les a pas compris. Hermès dit : « Prends au commencement de l'œuvre les conjonctions toutes neuves, mêle-les en égalité en les broyant ; ensuite marie-les, puis les triture l'une avec l'autre. Qu'il s'en fasse une conception. Après cela, qu'elles soient extraites et nourries, afin qu'il s'en fasse un enfant ». Sache que cette conception et ce mariage se font dans la putréfaction au fond du vase de leur enfantement. Celui-ci est fait dans l'air, c'est-à-dire au sommet de leur vase. La tête du vaisseau est la partie supérieure de l'habitation ; l'habitation est l'alambic en qui est cet engendré. Marchos dit : « Leur engendré est dans la barbe, c'est-à-dire dans la maison de sa terre ». Et son ciel suivant quoi c'est sur lui que sont nés la lune de la terre et son soleil, et ses étoiles, et son vent, et les diverses couleurs de sa terre. Marchos dit la même chose : « Il y a un temps où cet engendré naît » ; de quoi il a fait une telle similitude par la suite dans l'édification de sa maison qui est appelée le monument Sthoka. Il dit : « La terre de chez nous est appelée tormos, il y a des reptiles en elle qui dévorent les noirceurs des pierres brûlantes, qui boivent dessus le sang des boucs noirs ; ils se tiennent dans l'ombre, conçoivent dans un bain et accouchent dans l'air ; ils marchent sur la mer et demeurent dans les sépulcres ; le reptile combat contre son mâle, et le mâle reste dans le sépulcre 40 nuits. Il sera libre comme les colombes blanches, sa marche sera améliorée, il projettera sa semence sur le marbre en image, il viendra des corbeaux volants qui tombent sur lui, qui se rassemblent, puis s'envolent au sommet de la montagne où personne ne peut monter ; ils sont blanchis et là ils pullulent ». C'est là la parabole de ses dires.

Par similitude, il entend par là qu'il conçoit dans l'intérieur de lui-même, dans son cerveau ; quand il dit « les reptiles qui dévorent les choses noires », il entend par là la pierre qui a été brûlée ; et « buvant sur eux le sang des boucs noirs », il entend par les reptiles les imbibitions. Lorsqu'il dit qu'ils dévorent les choses noires, il veut dire qu'ils avalent une chose tingente, à laquelle sont incorporés ses compagnons qui se cachent dans ces imbibitions, n'apparaissent pas, et reçoivent sa subtilité. « Par le sang des boucs noirs » etc. il veut dire l'âme fluente hors de la pierre. Les boucs noirs sont la pierre quand la femme n'est pas entrée dans la préparation, et qu'elle est noircie après le blanchiment par sa préparation au feu.

Quand il dit qu'elle conçoit dans le bain et accouche dans l'air, il entend la cucurbite, et aussi le sépulcre en qui se fait la mort. Il assimile la chaleur du feu à la chaleur du bain [1], dans lequel la pierre sue peu à peu au commencement de sa dissolution. Et quand il dit qu'ils accouchent dans l'air, cela signifie la partie supérieure de l'alambic, parce que l'air est entre le ciel et la terre. De même, la génération de cette teinture se fait dans la partie supérieure du ciel, c'est-à-dire la barbe, qui est le haut de l'alambic, et le fond de la cucurbite.

---

1. L'auteur devait être arabe ou oriental ; le bain est un bain de vapeur chaude et non d'eau. La sueur dans le bain est significative.

C'est ce que dit Hermès : « Il est légèrement et prudemment sublimé de la terre jusqu'au ciel, où il acquiert la force des supérieurs, et il descend en terre ; où il a en soi la vertu des supérieurs et des inférieurs, en dominant les inférieurs et les supérieurs ; il a la lumière des lumières, aussi les ténèbres s'enfuiront-elles de lui. C'est lui qu'on appelle le Roi produit par la terre et descendant du ciel ».

Ce qu'a dit de cette eau un certain auteur est semblable à ceci ; il dit : « Prenez les choses de leur minière, sublimez-les dans le lieu le plus haut, envoyez-les au sommet de leurs montagnes dans lesquelles elles sont trouvées, et réduisez-les à leurs racines ». De cela, un autre sage dit : « Cet œuf va et vient par toute la terre, par quoi il veut l'air qui descend du ciel en terre et caché ». Un autre dit, et moi je dis aussi : « La génération de l'œuf est dans l'air par la spiritualité de la terre ». Calid fils de Jesid dit de ceci : « Les noms qui l'expriment sont ceux de teinture, de sang et d'œuf. Prends un œuf roux de la meilleure minière que tu peux trouver, ni dans le ciel ni dans la terre ». Avicenne dit aussi que sa nourriture n'est ni dans le ciel ni en terre, mais dans l'ombre de l'air. Considère leur diversité dans ce qu'ils ont dit en paraboles, désignations et similitudes, et leur accord entre eux dans la pensée; parce que les sages ne diffèrent pas en intellect, mais dans les noms et les similitudes; c'est par tout cela qu'ils entendent leur seule pierre susdite, c'est-à-dire l'âme. En effet, Calid désigne par l'œuf roux l'engendré qui est généré par eux dans l'air; et cela n'est ni dans le ciel, ni en terre. Tout cela est dit par les sages par similitudes; tout ce qu'ils ont dit n'est qu'une seule et même chose, bien que soient divers les noms et les similitudes. On croit qu'ils sont divers et que les choses sont diverses; on est dérouté à cause de cela; et on accueille des choses que l'on a appelées sophistiquement leur pierre, que l'on croit être leur chaleur et leur pierre, laquelle l'ignorant ne connaît pas; et il ne trouve rien. Mais quand on perçoit leurs paroles, on trouve dedans la vérité manifeste et tout ce qui résulte de ce qu'ils ont dit, qui est justement ce que je t'ai montré. Conserve-le donc, saisis-le, et tu seras dans la vérité. Toutes les élocutions typiques et les figures de style qu'ils ont laissées portent sur cette teinture, qu'ils ont extraite dans son eau, et qu'ils ont appelée âme et roi.

Cet enfant engendré est une graisse qu'on appelle âme et œuf, parce que cette âme rouge se cache dans sa propre eau blanche spirituelle, laquelle ils ont extraite de la pierre, et que dans son mélange ils ont appelée magnésie. Ils ont appelé cette eau œuf de la mer, parce que sa racine est l'eau ; ils l'ont appelée air, et encore de beaucoup d'autres noms. Cela vient de ce qu'ils ont assimilé leur rougeur au jaune de l'œuf, et l'eau blanche dans laquelle elle est portée au blanc d'œuf. Lorsque les couleurs ou les teintures se sont montrées, c'est comme lorsque le poulet paraît hors de l'œuf. Ils ont encore appelé leur pierre qui est la magnésie : MER, parce que c'est d'elle que montent leurs nuages et leurs pluies. Platon dit : « La nature cuit la nature ; la nature se réjouit avec la nature, et n'est qu'une nature unique, un genre, une substance, une essence ». C'est cela, l'œuf dans lequel sont le chaud et le froid, l'humide et le sec. C'est pourquoi Hermès appelle cette pierre le monde mineur. Cette chose qui est la leur est unique ; ils l'ont appelée du nom de toutes choses, de tous les corps, de toutes les espèces, ils ont dit que les hommes l'ont entre les mains ; et toutes choses qui doivent être expliquées, vous les avez entendues et vous leur avez apporté le témoignage des sages. L'un l'appelle pain dur, l'autre pain de fleur de farine, l'autre pain contourné. On ne peut pas dire à proprement parler qu'ils sont divers, parce qu'ils n'ont pas dit autre chose que la farine, ne se sont pas éloignés du froment pour autre chose. Tous ont donc été d'accord, parce que tout cela n'est qu'une chose, venue de la même chose, dont les noms sont variés ainsi que leur désignation ; c'est ce qui est fait quand tous sont réduits à la farine et au froment, ce qui est leur racine de laquelle ils sont venus. Ils sont cependant divers en noms ; les noms de ces choses sont divers à cause des diverses espèces de leurs préparations ; mais toutes ces diverses choses sont du froment, leur matière est la même. Il en est de même des paroles des sages, bien qu'elles soient différentes elles signifient la même chose, elles ne diffèrent que par les noms et les désignations, du fait de ses changements dans les degrés de préparation, d'une chose en une chose, d'un état en un état. Aussi ont-ils multiplié ses noms et ses désignations. Je te donnerai cet exemple dans le tissu. Le tissu ou la toile est une et même chose quand elle est coupée ; on peut en faire un vêtement quelconque. On la divise en plusieurs parties qui sont cousues, et il en est fait une chose nommée par un nom, comme une tunique, ou une chemise. Toutes ces parties divisées sont de la toile ; dans leur division ont plusieurs noms, mais suivant la matière et l'intention un seul et même. Le roi Salomon dit : « Prends la pierre qui est appelée Thitarios, c'est une pierre rouge, blanche, jaune, noire, qui a beaucoup de noms et des couleurs diverses ». Il dit encore : « La nature est une et spirituelle ; elle est enterrée dans le sable » ; et il désigne la pierre par ses propres couleurs qui paraissent dans la préparation. Le sage dit : « Désigne-la moi ». Il dit : « C'est le corps noble de la magnésie, qu'ordonnèrent tous les philosophes ». Il dit : « Qu'est-ce que la magnésie ? » Il répondit : « La magnésie est l'eau composée, congelée, qui combat avec le feu. Dans cette large mer est un grand bien dont la bonté a été recommandée par Hermès ». Cette magnésie fait en effet cet esprit, et l'âme, et le corps en cendre, elle est à l'intérieur de la cendre. Platon dit : « Chaque chose est une ; tout homme est animé, mais tout ce qui est animé n'est pas homme ; l'homme est un certain être animé, et dans la nature de l'homme, il y a ce qui est dans la nature des animés. On ne peut pas dire correctement que tout animé est homme, ce qui est appelé animé comprenant en soi les bêtes de la terre, les volatiles du ciel, les hommes, les arbres, les végétaux. Mais quand on dit les hommes, on ne comprend rien d'autre qu'eux ».

Comprends cette parole de Platon, et ce qu'il veut dire. Platon dit aussi : « Tout or est airain, mais non l'inverse ». Ne vois-tu pas que dans la nature de l'or, il n'y a rien qui soit assimilé au cuivre en tant que mouvement et couleur, ni rien dans la nature de l'airain qui soit dans la nature de l'or, par sa corruption dans la terre, la persévérance au feu, le séjour dans la mer. Il dit encore : « Tout argent vif est soufre, mais tout soufre n'est pas argent vif ». On fait de ce soufre la magnésie.

Ces deux discours sont évidents ; d'où il résulte que dans les pierres, il n'y a rien d'autre que ce qui serait dans leur pierre ; aussi tout cela signifie-t-il leur pierre qui est une, et n'a rien de semblable à elle. S'ils l'ont appelée pierre, elle est cependant un esprit, et elle a le nom d'esprit. Si elle est appelée eau, elle n'est pas comme les autres eaux, n'a pas non plus un sens distinct. S'ils sont rassemblés, on lui impose un nom différent. Elle ne sera pas parfaite en soi, ni de soi, ni par soi. Le secret qui est en elle n'est en rien d'autre. Comprends ce qui précède, où il en est fait mention ; de plus, j'augmenterai pour toi son intelligence, et pense toujours à ce que dit Hermès de la préparation de la pierre occulte.

Démonstration de la confection de la Pierre des Philosophes, choisie dans la nature humaine

Hermès dit que le secret de chaque chose est dans une eau, et cette eau est susceptible d'être un nourrissement dans l'homme, comme dans les autres choses. Dans cette eau est le plus grand secret. En effet, l'eau est ce qui fait le ferment dans le froment, l'huile dans l'olive, la gomme dans chaque arbre, dans les pêches l'onctuosité, dans tous les arbres les fruits divers. Le commencement de la génération de l'homme est l'eau. En effet, la semence de l'homme projetée dans la matrice de la femme s'y fixe sept jours, jusqu'à ce qu'elle se coagule en tous les membres, dans le ventre de la femme, par sa ténuité et sa subtilité, et qu'elle parvienne à être chair, et devient chair; et sur les os devient os, sur les poils, nerfs et semblables devient comme eux. Ensuite elle est coagulée en 10 jours et devient comme du fromage. Puis elle est rougie en 16 jours comme la couleur de la chair. Ensuite elle commence en 24 jours à se distinguer, à avoir des membres semblables au fils, et en 32 elle est formée en forme d'homme, comme le dit le livre. En

40 jours, l'âme paraît en elle, et à 40 jours elle commence à se nourrir de sang menstruel en se redressant, par l'ombilic ; et l'enfant est encore raffermi, croît peu à peu et prend de la vigueur. Et sache que l'eau le sert dans le ventre pendant les trois premiers mois, ensuite l'air les trois mois suivants, puis il est servi par le feu les trois derniers mois, qui le cuit et le parfait. Et quand les neuf mois sont accomplis, il est séparé du sang dont il était nourri, qui monte à la poitrine de la femme. Là il devient comme une couronne et il s'en fait un autre aliment pour l'enfant après sa sortie de l'utérus, de cette manière. Et tout cela est la désignation de la préparation de leur pierre. C'est en suivant cela qu'ils l'ont préparée. Comprends donc cette préparation et son moyen. Par la matrice, entends le fond de la cucurbite. Et ce qui est dedans, et la fermeture de son entrée, et la consolidation de la conjonction, afin que ce qui est dedans ne reçoive pas le souffle de l'air et qu'il se coagule. Comme dit Calid : « Quand je vis l'eau se congeler elle-même, alors je fus assuré que la chose était vraie comme elle avait été décrite ». Rosinus dit la même chose et nous a rappelé la coagulation de son corps en 47 jours. Ils ont appelé le corps feu, et al kembar, et argent vif, et soufre rouge. Par ces noms

ils nommèrent l'âme qui en sort. Rosen dit que affalia est la force de la femme que nous faisons en 9 jours ; et que nous l'appelons affalia à cause de la solution pour les cuivres, de sa saveur qui provient de ce qu'il y avait de son corps, et à cause de sa fuite, et à cause du renforcement de la chaleur du feu sur elle, et à cause de son affaiblissement qui en résulte, qui découvre ses ennemis. Cuisez-la donc avec son corps jusqu'à ce que son humidité soit desséchée au feu, et tellement séchée que vous voyiez qu'elle rejette son esprit hors d'elle, qu'elle répugne à demeurer dans la racine de son élément. Cela sera quand on aura mortifié le corps blanc, que vous l'aurez décuit, broyé, qu'il sera devenu une eau spirituelle ayant le pouvoir de convertir les natures en d'autres natures. Alors elle vivifiera les corps. On l'appelle affalia, voulant entendre deux choses humides qui montent dans l'air ; celles-ci sont l'esprit et l'âme. Et quand on dit qu'elle est la force de la femme qu'elle a faite en 9 jours, cela veut dire l'âme qui est la vertu féminine, laquelle on a rendue masculine quand elle a été coagulée et figée au feu ; elle devient un mâle chaud et sec, pour la même raison qu'elle a acquis une partie de feu ; elle est alors appelée mâle ; ils appellent cette eau coagulée du nom de chaque chose masculine. Ensuite ils l'ont marié avec sa femme; et il provient d'elle, et elle est sa racine et sa coagulation.

Ainsi dit Hermès : « Suivant la proportion du sperme dans la matrice, et de ces jugements manifestes ou cachés, évidents ou obscurs auxquels on ne peut que difficilement opposer autre chose, comprends et connais la vérité de leurs paroles ». Par exemple, quand ils dirent notre pierre est une chose qu'ils ont, et qu'ils ne partagent pas avec les autres. Parce que, parmi tout ce qui est soufre, arsenic, ou fer, cuivre, œuf, cheveux ou autres choses végétales, ou pierres mortes, ils ne diraient pas notre pierre et ne se l'approprieraient pas, tandis que les hommes se partagent tout cela entre eux.

De toutes les manières que nous les avons préparés avant l'intelligence et la connaissance de l'œuvre, et les préparations que nous avons connues de tout ce qui est ci-dessus, nous avons vu que tout était vain; d'où nous avons rejeté tout le vain et nous louons Dieu, qui nous a notifié la vanité de telles choses; nous lui adressons nos grâces; j'ai su que quand ils disent notre pierre, que c'est une chose qui leur est propre, en dehors des hommes. Il nous sera donc nécessaire de la rechercher. Et quand ils ont dit : « Nos paroles manifestement sont cor-

porelles et dans leur occulte sont spirituelles »,
quand nous les entendons il nous faut chercher
à connaître l'occulte. En effet, ils ont caché le
spirituel et l'ont manifesté par d'autres choses
corporelles. On ne peut comprendre cela que
par le sens intérieur et la vraie raison et intelligence, et nous ne prendrons pas de cela ce que
l'on perçoit de ce qui est à entendre en manifeste. Mais nous rechercherons ce qui est
caché. Cet occulte, ils l'ont caché à notre sens ;
autrement, ils n'extraieraient pas de leur cœur
ce qu'ils ont connu. Pour moi, je vous ai
éclairci ce qu'ils ont caché, je n'ai rien dissimulé et c'est leurs paroles mêmes. Notre or
n'est pas l'or vulgaire ; au vrai, notre or est ce
qui est fait par notre œuvre. De quoi Rosinus
dit : « Quand il est marié avec sa sœur, que la
conception est faite et que l'engendré se
montre, cela est l'âme ». Affalia est, dit-il, la
vertu féminine que nous parfaisons en 9 jours.
Il nous a signifié que quand nous aurons vu la
force de cette eau et son grand effet, et ses
fleurs dans leur terre, qu'elle sera ensuite en
projection sur les feuilles vulgaires. Celle-ci est
la chose minime ; mais la lumière au-dessus du
rouge teint cela en or meilleur que ne serait l'or
vulgaire. Il a fallu vous signifier que cette
grande expérience est la vertu ou la puissance

de cette chose qu'ils ont d'abord teinte. Et cela est le secret qu'ils ont juré qu'ils n'indiqueraient en aucun livre. Nul d'entre eux ne l'a déclaré ; ils l'ont attribué à Dieu glorieux qui l'inspirerait à qui il voudrait, et l'interdirait à qui il voudrait. C'est en effet la racine sans laquelle aucune dépense d'argent ne sera utile. Ils l'ont cachée ainsi que la préparation de cette chose, jusqu'à ce qu'elle soit figée dans le feu. Alors se fait une grande chose que les hommes ignorent, n'ayant pas cette affalia ni cette vertu qui ait un tel effet. Et le fils d'Hamuel dit : « Louez le Seigneur, dont le nom soit sanctifié, pour ce qu'il a daigné donner cela et inspirer la conjonction de cette chose cachée, et ainsi après beaucoup de recherches et de veilles continuelles, la révélation de cette chose cachée et des paroles occultes, j'ai acquis cette pierre ».

Qu'est-ce que le plomb des philosophes et qu'est-ce que l'Azoth ?

Un jour, j'entrai dans la maison du vieil Abielhasam pour lui faire une visite. Je m'assis à sa droite. Il y avait là deux hommes, dont l'un m'était connu et l'autre non. Avant que j'arrive, ils étaient en train de converser à propos de l'art, et je compris, par ce qu'on me demanda, que la chose était dure et les paroles obscures ; ils ne savaient plus à quoi s'en tenir sur ce qu'ils considéraient dans les dires des sages et ils en étaient hébétés. Le vieillard tourna vers moi son visage avec l'amitié qui était réciproque entre nous, et me dit : « Comment doit-on comprendre la sentence des sages qui énonce « Prends le plomb et ce qui est assimilé au plomb, et prends l'Azoth et ce qui est assimilé à l'Azoth » ? Cela fait quatre choses dont deux sont manifestes ; en effet, ils nomment le plomb, et parlant de ce qui lui est assimilé, ils le rendent obscur. Et ils nomment l'Azoth, mais cachent le nom de ce qui lui est assimilé. Que sont donc ces quatre choses ? »

Je lui dis : « Ces paroles des sages comportent en elles une obscurité et font partie de leurs sophismes ». Il dit : « Comment cela ? » Je répondis : « Le sage veut par là entendre seulement deux qui sont de signification cachée dans leurs secrets occultes ; il avance quatre paroles et n'en entend que deux ». Il dit : « Comment cela est-il ? Il en nomme quatre, et même le sage répète les mots une seconde fois ». Et je lui dis : « Il n'entend par cet énoncé que deux seulement ». Lui me dit : « Le sage dit quatre, et toi tu dis deux ». Je réponds : « Comme je l'ai dit, dans cette division, il y a une obscurité et le sophisme des sages. S'il avait voulu parler de quatre parties desquelles le mâle et la femelle seraient composés, il aurait dit : « Prends le feu et l'eau, mélange-les, que chacun soit fait avec deux. Ensuite fais un avec quatre ». Tandis que le sage dit : « Prends le plomb et ce qui lui est assimilé » ; puis il répète en disant : « Prends l'Azoth et ce qui est assimilé à l'Azoth ». C'est par de telles choses et d'autres semblables qu'ils cachent la science à tout le monde. Comprends-le et aie confiance en Dieu, tu comprendras cette parole de ce sage et cet exemple. Il dit en effet : « Prends le plomb ». Le plomb chez eux est le nom du mâle. Il nomme le mâle et il tait la femelle. Il dit : « Et ce qui est assimilé au plomb », parce qu'elle fait partie de lui, comme lui fait partie d'elle. Puis il dit en second lieu : « Prenez l'Azoth et ce qui est assimilé à l'Azoth ». L'azoth de son côté est la femelle ; il a nommé cette femelle, mais il tait le nom du mâle. Il dit : « Ce qui est assimilé à l'Azoth ». Il n'a pas nommé ce mâle, parce qu'il ne le nomme pas clairement au début de son discours, afin qu'il n'y ait pas de doute. Ces paroles reviennent à dire : « Prenez Adam et ce qui est assimilé à Adam ». Ici tu as nommé Adam et tu as tu Eve, qui est la femme, tu ne l'as pas nommée parce que tu sais que les hommes qui sont tes semblables en ce monde savent tous que ce qui est assimilé à Adam n'est autre chose qu'Eve. Ensuite, répétant une deuxième fois, tu dis, afin d'obscurcir la chose et que l'on comprenne moins : « Prenez Eve et ce qui est assimilé à Eve. Ici tu as nommé Eve, qui est la femme, et tu as tu le nom du mâle, qui est Adam. Parce que tu l'as nommé une seule fois quand tu as commencé à parler de lui. Et on ne peut pas douter que ce soit là un sophisme ». Ils commencèrent à se regarder l'un l'autre, et ils furent saisis d'étonnement de ce que je leur avais expliqué. Cela est semblable à ce qu'on a dit : « Mêle le chaud avec le froid et il deviendra tempéré, ni chaud ni froid ; et mêle l'humide avec le sec et il deviendra tempéré, ni humide ni sec ». Il est manifeste que cela parle de quatre qui en ont engendré deux seulement, à savoir le mâle et la femelle. Le mâle est chaud et sec, tandis que la femelle est froide et humide ; lesquels une fois conjoints, le chaud sera mélangé avec le froid, et l'humide avec le sec. Il n'y a pas de doute là-dessus pour les gens intelligents. Et ce sens vient à l'appui des paroles des sages, parce qu'il y a une autre manière que je t'ai montrée, d'eau et de feu, et d'eau, d'air et de terre ; cette autre manière est dans les préparations. Et c'est cette parole, comme le dit Joseph : « Mêle l'eau avec la terre et ils seront quatre. Ensuite de quatre fais un et tu seras parvenu à ce que tu as entendu et que tu veux. Le corps sera alors rendu non corps ; de faible sur le feu, il ne sera plus faible ». Tu as saisi la connaissance. Opère donc suivant ce que dit le sage là-dessus, peu à peu, une fois après l'autre, et fais la préparation de ces choses du début jusqu'à la fin. Et c'est l'eau chaude, c'est-à-dire fixe, honorée. C'est celle-là qui manifeste la teinture dans la projection. Si elle n'existait pas, nul savant n'aurait aucune intention sur quelque racine de la connaissance. Elle est la médiatrice entre les contraires, et est elle-même le commencement, le milieu et la fin.

Comprends ce que je t'ai démontré, et sache quel sens ont mes paroles ; il te manifeste la teinture. Tels sont en effet l'habituelle malice des sages et leurs sophismes. Si par aventure ils apportèrent le vrai sens, il y en a un autre au-dessous. J'espère qu'ils vous apparaîtront par les paroles que je vous ai signalées sur leurs secrets et leurs sophismes, et que Dieu vous accorde prospérité. Si un quelconque sophisme à la manière des sages était soumis à un homme, il ne serait pas ouvert sans la lecture de mon livre et de mes vers. Je t'ai en effet expliqué, et à tous mes frères, tout ce qui a été obscurci par les philosophes autant qu'ils l'ont pu ; et ce qu'ils ont dissimulé de père en fils. Et j'ai rassemblé en peu de pages ce qu'ils ont disséminé en des milliers, enseveli sous les tropes et les types des locutions, enveloppé dans les obscurités, que la pensée des gens intelligents ne serait jamais capable de saisir.

Mais moi, afin que ma mémoire soit portée aux survenants, dans cet art, je me fixai dans la solitude, considérant les livres des anciens, et recherchant cette science auprès de ceux des nôtres établis dans cette recherche. Mais ceux-ci, quand je leur parlai, ne me comprenaient pas. Ils avaient en effet entre les mains les livres qui leur décrivent Alkakir, c'est-à-dire les espèces et les choses vaines dont n'ont pas conscience ceux qui s'en occupent, et ce sont des choses qui font le plus grand mal à ceux-ci, lesquels, s'efforçant à leurs commixtions, s'éloignent de la vérité, aveuglés par l'ignorance. Lorsque je t'ai vu, le visage éclairé par ce que je laissais entendre et que j'exposai plus à fond de ta seconde instruction, je me tournai vers toi, et je t'expliquai pour quelle raison je renfermais ma science dans ma poitrine ; afin que tu connaisses à quoi tend la science, et le lieu des secrets ; et que tu distingues entre toi et les hommes ; et les erreurs qui surviennent quand tu as lu dans les livres des autres, et de quoi ils ont parlé, et y ont été amenés par les paroles des sages, anciens et modernes, desquels ils accaparent les livres, mais desquels aucun n'a osé expliquer une seule lettre de leur dits philosophiques. Ils se bornèrent seulement à rapporter ce que les sages avaient mis dans leurs livres sans en éclaircir le moindre sens. Il est nécessaire pour moi que je sois savant, pour que ce qui est incertain me soit ouvert, que je sache les choses cachées, que j'expose la vraie sagesse, que je parvienne par cette exposition à la vérité et à leur manifestation, afin qu'après cela elle soit manifestée à ceux qui s'y étudient, et faire savoir aux dédaigneux, aux impatients, à ceux qui ont de la suffisance ce qu'ils ont entre les mains du fait de leur ignorance. Mais quand je n'expose pas quelque chose qui vient d'eux, mon livre sera presque comme ceux de ces sages et mes paroles comme leurs paroles ; et moi, comme si je m'emparais de leurs paroles, et qu'elles me soient attribuées. Cela ne doit pas se faire et c'est un déshonneur pour celui qui fait ainsi. Il dit : « Combien utile est de lire mon livre, puique la chose est comme j'en ai décrit la connaissance ! » Celui qui fait de la sorte recherche la vanité ; il a en effet composé son livre dans l'opinion qu'il comprenait ce mystère caché, et en fait il ne le connaît pas ; il ne comprend pas une seule lettre de ce qu'il a mis dans son livre. Si on le questionnait sur quelque passage, il répondrait par des mensonges. Et s'il le justifiait, ce serait par des sophismes et par de vaines similitudes. Mais cependant, si j'avais une grande expérience dans la science, si les tropes cachés m'étaient découverts, si ce qu'on a dissimulé m'avait été manifesté, et que je l'aie saisi par ma science, je dois honnêtement le rapprocher de l'intelligence de mes successeurs, par mes enseignements en clair voilés, aux significations dont l'intelligence est cachée et voilée afin qu'elle soit claire et retenue. Elle est en effet ouverte aux savants studieux, aux intelligents et aux chercheurs, tout en étant dissimulée aux moins intelligents. Si je ne fais pas ainsi, je ne manifesterai pas mon industrie pour les autres, et mes paroles vaudront autant que des propositions comme celles que proposent les ignorants. C'est pourquoi je l'ai écrit de cette manière, et que Dieu t'éclaire sur ce qui subsiste de mes poèmes, de mes vers et de mes livres, c'est-à-dire du livre de la Clef majeure de la Sagesse, par sa grande grâce et sa générosité. Que j'en revienne donc à mon intention de terminer de parler de ces figures et que je n'omette pas d'expliquer les images que j'ai décrites dans mes vers, bien que cela contienne peu des procédés que le sage propose en ses images et figures. J'y suis revenu à nouveau, parce que je sais que ce qui t'a été élucidé en cela te suffit ; j'ai approprié cette partie de mon livre à l'explication de l'eau divine feuillée pure, et à la terre étoilée ; j'ai abrégé cette explication en paroles peu nombreuses et suffisantes. C'est cela qui précède la mention que j'en ai faite dans l'exposition des figures dans mes vers, qui commencent ainsi : « Epitre du soleil à la lune croissante ». Il y a plusieurs vers, j'ai fait pourtant un vers déterminé où l'on découvre des inventions mineures dans les images et les choses remarquables qu'elles contiennent, et celui-ci n'a pas besoin par lui-même de l'autre exposition qui commence ainsi : « Et dans la maison de Hamuel », etc. Il y a cent un vers, et après ces vers que tu as lus. Je t'ai parlé de tout ce qui te suffit pour cela ; c'est un unique moyen. Pourtant les uns ont besoin des autres, je retourne à mon sujet en son lieu. Comme il a été dit, on parle pareillement du corps et des corps, mais c'est comme je te l'ai expliqué sur les esprits et l'esprit, et sur l'âme et les âmes. C'est un seul corps qui est partagé, et alors on l'appelle deux corps, c'est-à-dire deux parties, mais avant ce n'en est qu'un venu de un. Celui qui dit autre chose ignore la science ; il ne connaît pas le corps ni les corps, ni l'esprit ni les esprits, ni l'âme ni les âmes ; il ne connaît pas la pierre, ni d'où elle vient ; il ne comprend pas l'ordre de l'œuvre, d'aucune manière. La cause en est que chaque partie de ceux-ci est incorporée en un seul corps avec la salure ; c'est pour cela qu'ils ont dit pareillement un corps et des corps, c'est pourquoi aussi ils ont à la consumer de ces esprits et âmes, c'est-à-dire prendre de là leurs soufres par la préparation ; et dans la sublimation, leur arsenic combustible et corruptible. Ce qu'ils entendent est pourtant manifeste et ce qu'ils disent est clair ; ils connaissent tout cela et ils ignorent la vérité, le vrai soufre et les soufres, l'orpiment et les orpiments et Zarnoick. Tout cela, ce sont des noms pour l'eau divine feuillée, dont la déalbation est sa préparation par la sublimation qui est la déalbation, jusqu'à ce qu'elle devienne blanche et claire, qu'il n'y ait plus en elle d'ordures. C'est là la déalbation du soufre et la sublimation de Zerruk, et l'ablution du corps, et l'adduction de l'eau sur celui-ci jusqu'à ce qu'il ne reste en lui rien de l'âme qui est la teinture, qui ne monte avec son esprit. De sorte que tu prendras les âmes; l'âme sera dans cette eau, et ne restera pas dans le corps en dehors d'elle. Tu as alors blanchi le corps de ses ordures; tu as par là obtenu toute l'extraction de l'âme de tout le corps, pour libérer la cendre de la cendre épurée, dans laquelle il n'y ait plus de graisse qui entrave cette opération. Et sache que, à quiconque entendra la science selon la règle, ces paroles de mon exposition ne demeureront pas obscures; et principalement à ceux à qui parviendront mes livres et qui les comprendront. Dieu soit témoin, il faut que tu ne les interdises pas à ceux qui sont dignes de nos discours, et que tu ne les livres pas aux indignes. Tu agirais iniquement contre la science et tu mériterais les châtiments de Celui dont le Nom soit glorifié à l'infini. En effet, cette science vous a été confiée pour que vous subveniez à vos frères et aux pauvres, et Dieu vous rétribuera quand vous agirez bien.

J'ai rappelé dans ce livre que la pleine lune qui fait partie de ces figures est la racine de tout; les choses en sont extraites. Par cela, l'eau est signifiée, parce que la lune domine sur toutes les humeurs, est la maîtresse des eaux et deux eaux en sont extraites. Ce sont les deux fumées dont Hermès fait mention quand il dit: «La fumée d'en haut descend en bas et la fumée conçoit de la fumée et les créatures ne subsistent de rien d'autre». Comprends comment cela se fait. De celles-ci, avec les trois sœurs des eaux dont la mention précède, te sont extraites toutes choses. Les choses sont celles qu'on appelle soufre, et fleurs épineuses, et fleurs de toutes les épines, et teintures, et ferments. Le tout après l'imbition, et l'ingrès des trois imbibitions premières qu'on appelle salures; et après leur fixation dans la pierre, qui est mariée et coagulée avec elles, c'est-à-dire avec le mâle, et après que tout est blanchi; c'est avec ces trois mariés. Annanos dit seulement de ne pas ajouter un quatrième. De même Viemon dit: «Quand tu auras parfait trois, ne crains pas sa fixation par l'opération». Le roi Aros dit aussi: «Si la paume était diminuée d'un doigt, sa puissance serait diminuée». Ils entendent par là que rien ne soit diminué dans la coagulation. Dans celle-ci, en effet, il y a cinq qui sont le mâle, la femelle, qui font deux, et trois imbibitions desquelles parle encore Aros.

Si la paume était diminuée d'un doigt, le sang serait diminué d'autant. Quand tout sera coagulé, alors on l'appellera la mer des sages. Cette terre est la mère des choses admirables, la mère des deux fumées; c'est le tout. C'est d'elle qu'est retiré tout ce dont on a besoin dans son œuvre. C'est la cendre animée de qui Viemon dit : « Elle est jetée sur les fumiers, elle est vile aux yeux des ignorants. Si on leur disait que là est la science et l'œuvre, il leur paraîtrait que cela est faux ». Ce sens qu'ils leur donnent provient des noms de magnésie, et de cendre retirée de la cendre. Sache donc le moyen de prendre deux en un, et ces trois qui blanchissent le mâle et la femelle sont ce qu'ils ont appelé les trois terres. L'une ne suffit pas sans les autres, chacune ayant sa fonction. La première terre est la terre des perles, la seconde la terre des feuilles, la troisième la terre de l'or ; celle-ci teint l'élixir et l'élixir la teint. Quand ces cinq auront été rassemblés et liés ensemble, ils ne seront qu'un, qui est la pierre des sages, naturelle et parfaite ; elle est comme la maison avec ses quatre côtés et son toit. C'est la magnésie blanche, vraie, non fausse, et c'est l'Abarnahas parfait, caché, typique. C'est l'eau dans laquelle sont réunies toutes les puissances, blancheur et rougeur ; on l'a assimilée à l'œuf, à cause de sa blancheur manifeste et de sa sécheresse, dans lequel la rougeur est cachée. Cette blancheur qu'on assimile à l'œuf entoure ce qui est en lui, tout ce dont le préparateur a besoin ; comme la coquille de l'œuf entoure le blanc et le jaune, qui sont tout ce dont le poulet a besoin. Ils ont appelé cette pierre par tous les noms et ils ont dit: « Notre science est dans toutes les choses ». C'est là l'un de leurs sophismes envers les hommes. De là ceux-ci ont consumé leur argent et leur sens; ils ont travaillé à fond à la préparation de chaque chose, ils se sont entêtés dans leur présomption. Etant ignorants, ils ont cru que la pierre est dans toutes les choses qu'ils préparent, donc qu'on la prépare avec chaque chose qu'ils croient sur laquelle tombe leur fausse estimation.

Il est bien vrai que la science est dans toute chose qui a eu sa préparation, comme je l'ai montré dans plusieurs endroits de mes livres. En cela leur intention est que leur pierre, qu'ils appellent toutes choses, a en effet en elle tout ce dont elle a besoin, corps, soleil, eaux, esprits, âmes et teintures. Cette pierre est or, et est la mère de l'or, parce qu'elle engendre l'or; d'elle provient le dragon qui dévore sa queue. D'elle sont retirées les pourpres et il en monte des nuages qui retombent en pluie sur la terre. D'elle sont produites les fleurs et les teintures. Cette eau fait tous les travaux; ses merveilles sont grandes, on les raconte. Dans sa montée dans l'air, ou en haut de la maison, sont les fleurs; aussi l'a-t-on assimilée aux fleurs, parce que là sont engendrées les fleurs des arbres et des épines ; elles apparaissent en haut, au sommet, à l'extrémité.

Le dragon est l'eau divine, sa queue est son sel ; c'est la cendre qui est dans la cendre. De cette cendre monte une pluie vive et vivifiante qui descend du ciel après son exaltation en ce dernier, et arrive à elle avec les vertus supérieures et inférieures par attraction de l'air. Quand elle descend vers la terre, elle la vivifie après sa mort. Tout ce qui y est vit par la pluie.

C'est par tout cela qu'on a signifié la pierre. C'est par elle que toutes choses sont produites.

Cette pierre est blanche, de quoi Rosinus dit : « Sachez que si vous rendez le corps blanc, vous adopterez par là le moyen de son œuvre ; et abandonnez ce en quoi vous êtes occupé ». De cette pierre, le philosophe dit : « C'est une pierre qui n'est pas une pierre ». C'est là la pierre que le sage Aros a assimilée à la pierre de l'aigle. En effet, la pierre de l'aigle est la pierre connue, c'est la pierre dans le ventre de laquelle il y a une pierre qui meurt ; par laquelle on signifie l'eau qui monte et la cendre extraite de la cendre. De même, la pierre dans le ventre de laquelle il y a une pierre qui meurt, c'est celle qui, étant dissoute, fait sortir d'elle son eau qui y était congelée au-dedans, et elle meurt en montant et s'exaltant dans l'air. On signifie par là l'esprit et l'âme qui sont dans son ventre ; il reste la fèce de l'eau et ils en sortent en montant sans mouvement. Ensuite, il apparaît d'elle, outre les âmes, son frère qui est la cendre de la cendre, qu'on appelle la mer coagulée, qui coagule leur eau en leur terre. C'est de lui que parle Calid fils de Jesid : « Si ce n'était pas un ferment, il ne coagulerait pas la masse des eaux ». Honore cette cendre, car elle est le ferment de l'or vulgaire et de leur fils. C'est le ferment de leur eau ; leur eau est l'or, c'est le ferment des corps en lequel on l'a réduite. La cendre est le ferment de l'eau qui est la leur. Aussi nommèrent-ils cette cendre le ferment du ferment ; par lui ils vigorent leur eau en une grande puissance. Et Rosinus dit : « Si vous fondiez le corps blanc » etc. Il n'entend pas par là la fusion par le feu de fusion, mais il signifie sa solution pour qu'il devienne argent vif, et que ses fleurs en soient extraites. C'est la pierre de qui le roi Aros dit : « Si les orfèvres savaient ce qu'ils ont à travailler, ils s'enrichiraient beaucoup ». De même, Marie dit : « Prends le corps de la magnésie qui a été blanchi et rends-le semblable à des feuilles ». C'est lui qui fait fuir la pauvreté, car après Dieu, il n'y a pas d'autre médecine. L'or extrait de cette pierre est l'or des philosophes, c'est la teinture animée qui monte par l'esprit au plus haut de la prison. On l'appelle corps blanc, quand l'or a été blanchi après son noircissement; de quoi Calid fils de Jesid dit: «Ni les anciens, ni ceux d'à présent n'ont pu teindre l'or qu'avec l'or et ce qui n'est pas l'or, mais leur pierre tingente dont nous avons rappelé le souvenir». En effet, de celui-là est engendré l'or, et de cet or les fleurs plus subtiles que l'air croissent. Le sage Alkides dit: «Prends les choses dans leurs minières, exalte-les au sommet de leurs montagnes, et ramène-les à leurs racines». Ce sont là des paroles manifestes en lesquelles il n'y a aucune envie ni obscurité. Cependant, ils ne nomment pas les choses. Par les montagnes, ils signifient les cucurbites, par le sommet des montagnes, l'alambic. Suivant la similitude, prends leur eau trouvée à travers l'alambic. Tandis que la ramener à ses racines, c'est la remettre sur ce qui l'a produite. Il a appelé la cucurbite montagne parce que dans les montagnes on trouve ordinairement les mines d'or et d'argent et, dans ces montagnes que sont les cucurbites, leur or et leur argent sont engendrés, c'est là qu'ils sont faits, et ce sont les mines des feuilles, leur or, qui y sont manifestées par leurs préparations. Tout cela est suivant la similitude, qui est une belle et admirable similitude. Et il ne veut pas dire, par les montagnes, les hommes ; et il n'entend pas non plus par les hauts lieux la tête des hommes, ni ce qu'on y récolte, les cheveux, comme l'ont dit certains commentateurs qui se sont reculés de la vérité et ont travaillé sur les cheveux, ont dilapidé leurs biens et leurs jours à la recherche de choses vaines. Mais la science est plus digne, plus haute et plus noble que ce qu'ils croient ; et ces hommes que tu vois sont parvenus à l'inutilité par leurs pauvres opinions. Il en est de même pour tous ceux qui ont dit que cet art est dans les œufs, les ongles des animaux, l'urine, le sang, le fiel, le sperme et choses semblables ; et aussi dans les bas minéraux combustibles, corruptibles. N'arrivant à rien, ils ont été déçus. Après cela, ils ont su que la science parfaite est de grand prix, qu'elle est le secret de Dieu glorieux et très-haut, grand dans la multitude des multitudes, qu'elle est inspirée par Dieu à ses philosophes et à ses élus, qui croient en lui, qu'elle est plus digne que tout au monde, que rien ne peut lui être comparé. C'est la sœur de la philosophie, elle ne peut être obtenue que de Dieu par inspiration. Après qu'ils ont su cela, ils ont dit qu'elle était dans les cheveux, les œufs, les arsenics et les soufres, les choses immondes et sordides ; tellement que certains, par l'infirmité de leur raison, ont voulu la faire avec les excréments et l'urine.

Cela les retranche des sages de Dieu glorieux et sublime. Je vous la décris pour vous la montrer, comme l'a décrite le Sage; c'est une figure dessinée comme la figure de deux en un. C'est le second œuvre et c'est le rougissement. Pour celle-ci, pareillement, de cinq il y a trois, céleste, aérienne et ignée. Il est possible d'en dire cela. Les trois parties supérieures sont l'eau des deux natures. Ils ont dépeint cette eau triple, parce que les trois parties de l'eau sont différentes, chaque tiers en provient; ces trois noircissent leur feuille. Le second est le deuxième corps et la blanchit; les six autres parties sont réservées pour rubifier. Ils ont démontré que le tiers de l'eau est trois parties, par ce qu'ils ont décrit, comme tu l'as vu, qu'il a trois natures, c'est-à-dire l'eau, l'air et le feu. Par là, ils ont montré que ce n'est qu'un en lequel il y a trois; le monde inférieur est la terre des deux corps, et l'eau des deux natures. Le sage entend par là l'âme, et l'esprit qui transporte l'âme. Ils disent en effet que l'esprit est le lieu de l'âme; c'est l'eau qui extrait cette nature de ces corps. L'âme est la teinture dissoute et transportée en elle comme la teinture des teinturiers l'est dans son eau, avec laquelle ils teignent. Leur teinture est dans l'eau, laquelle se trouve teinte et est étendue dans le drap. Ensuite l'eau s'en va par séchage et la teinture reste dans le drap. Il en est de même pour l'eau des sages dans laquelle leur teinture est transportée; l'eau en laquelle est la teinture, ils la ramènent sur leur terre blanche, bénie, assoiffée, qu'ils assimilent au drap. L'eau se répand dans leur terre, est entièrement répartie en elle, car leur teinture se répand; pour quoi ils l'ont appelée âme, qu'Hermès appelle aussi or lorsqu'il dit : « Semez l'or dans la terre feuillée blanche »; il a signifié cette teinture. Ils ont assimilé cela aux fleurs des épines et l'ont appelé Safran et Efer. Ces trois teignent; l'âme qui est la teinture reste dans le corps, dans lequel elle manifestera sa teinture et sa beauté. C'est en effet une fumée subtile, qui ne paraît que par son effet dans le corps; son acte est la manifestation de la couleur; c'est un feu qui vient du feu, c'est-à-dire engendrée par le feu et nourrie. Et elle est fille du feu, parce qu'il faut la ramener au feu, qu'elle ne craint pas le feu. On la ramène comme l'enfant au sein de sa mère. Tout cela te fait voir par cette description comme le sage l'a ordonné. Ce que je t'ai rappelé, c'est l'intelligence de leurs paroles : la terre vient de deux corps, et l'eau de deux natures; l'œuvre au blanc et au rouge est un œuvre unique, bien qu'on l'ait nommé deux œuvres. Ne vois-tu pas que ce premier œuvre consiste en cinq, desquels trois sont supérieurs et deux inférieurs ? De sorte que l'œuvre au blanc est la moitié de l'œuvre, et c'est le premier œuvre. Tandis que l'œuvre au rouge est la seconde moitié, et le tout n'est qu'un œuvre, bien qu'on ait nommé deux œuvres comme on l'a dit plus haut, suivant l'ordonnance du sage, et que je t'ai exposée. Et le premier œuvre qui précède tout œuvre est l'extraction de la teinture pour ces deux œuvres qui sont un œuvre unique, et deux pour un, en lequel il n'entre rien qui lui soit étranger, c'est le feu. Ils ont travaillé en effet par l'opération du feu. Hermès dit : « Toute chose subtile pénètre toute chose épaisse ». Il entend par cette parole l'entrée de leur eau dans leur corps ; elle guérit le corps qui est revivifié après sa mort en une vie sempiternelle. Conserve donc en mémoire les paroles que j'ai proférées, desquelles j'ai ouvert la compréhension grâce à ce que je t'ai expliqué, et honore la science. Car celui qui méprise la science méprise Dieu lui-même, qui est glorieux et sublime. Et embellis ta conscience, et multiplie tes prières à ton maître. J'ai en effet tourné les yeux vers ces grands et nobles secrets qui restent cachés à tous les hommes en qui les ténèbres sont et furent l'intelligence, jusqu'à ce que cela me soit manifesté par le philosophe fils d'Hamuel, Zadith, qu'il ait extrait du fond leurs perles précieuses. Il te montre manifestement et ouvertement ce secret caché que Dieu glorieux a placé dans cette pierre vile et inappréciable, et qui est plus précieux que tout ce qui est au monde, et plus vil. Semblablement ce qu'il y a de plus précieux dans le monde en fait de vêtement est la soie qui sort d'un ver ; le miel dans lequel il y a la santé des hommes vient des abeilles ; les perles sont sorties des coquillages ; l'homme qui est plus digne que tout au monde vient du sperme. Les paroles d'Hermès que tu as entendues dans ce discours sont assimilées à ce que dit le sage dans la désignation de leur pierre ; toutes leurs paroles sont les mêmes, chaque partie est proche de chaque partie. Et cela va au devant quand il dit : « Prenez les choses avec leurs minières, exaltez-les au plus haut de leur lieu, et récoltez-les au sommet de leurs montagnes, et ramenez-les à leurs racines, et à ce dont elles sont sorties ». C'est la même signification que ce que dit Marie : « C'est un roi qui apparaît de la terre et qui descend du ciel ». Aussi le sens de leurs paroles est le même et est suggéré par la même chose, bien que les mots de l'un et de l'autre soient variés en noms et en désignations, en similitudes, jugements et paraboles. Par tout cela, ils signifient leur pierre et c'est à elle qu'ils font allusion. Et moi, je t'ai montré le moyen qui pourra te découvrir la vérité. Et sache que dans ces lettres il ne peut rien y avoir qui puisse être expliqué, à cause de la multiplicité des autorités des sages ; c'est pour que tu comprennes cet arcane. Aie le sens, l'intelligence, l'ingéniosité ; et que celui qui ne sait pas s'exerce. Pour toi, quand tu percevras la signification des paroles des sages, tu seras libéré des ténèbres et de l'entrée dans l'erreur. Si tu ne pouvais pas, par leurs livres, atteindre ton intention, c'est parce que ton intelligence ne le perçoit pas, tu ne connais pas la pierre. Car ils t'en ont manifestement démontré le moyen ; et par la défense des choses inutiles, tu t'es beaucoup enrichi en économisant ton argent, à ne pas le dépenser en vain ; et cela est de grande utilité. Si tu comprenais, tu marcherais dans une lumière brillante, éclatante. Je te ferai revenir à leurs paroles sur l'eau spirituelle qui est blanche ; c'est ce qui t'apprend à interroger et que l'interrogation ne s'égare pas et que tu ne doutes plus. Quand tu les entends parler de fleurs, ou de teintures, d'eau blanche ou d'eau rouge, que l'eau blanche est pour blanchir et l'eau rouge pour rougir. Mais ne pense pas qu'elle soit rouge manifestement, elle est rouge par son effet, parce que sa couleur qui est la rougeur se cache dans son occulte ; et cela je te le montrerai par les paroles des sages, afin d'ajouter pour toi la rectitude à ce sujet dont j'ai parlé. En effet, quand ils parlent de l'eau blanche pour blanchir, ils signifient par là trois parties, et nomment deux œuvres ; c'est-à-dire le lunaire et le solaire. Le premier est le lunaire et consiste à laver et blanchir dans la putréfaction pendant soixante-dix jours. C'est toute la déalbation et la fuite des ténèbres hors d'elle. Le second est rubifier et teindre la base, coaguler leurs teintures dans leur terre bénite assoiffée. La première terre qu'aucun travail ne précède a été liquéfiée et dissoute ; ses teintures en ont été extraites, qui sont ses soufres ; elle a été rendue ferment, et a été pénétrée dans l'autre corps, avec ce corps qui a été mâché avec l'autre ferment, qui est le ferment du ferment. Ce corps est la cendre, dont l'opération a été suffisamment exprimée ci-dessus. Beaucoup ne comprennent pas cette pierre, ni les paroles des philosophes. Ils se sont attachés à des minières combustibles, corruptibles et arides qui n'ont pas de teinture sèche. Travaillant inutilement, ils ont consumé leur argent et sont condamnés d'une condamnation visible. Tandis que toi qui a été studieux dans la crainte de Dieu du secret de cette pierre, tu verras visiblement sa vertu, et tu en trouveras la construction par l'esprit très haut. Que tu saches que toute sapience vient de Dieu, qu'elle a toujours été avec lui ; que le nom du Seigneur soit béni dans les siècles des siècles, lui qui la cache aux savants et aux habiles, et la révèle aux petits. Et ainsi finissent ces discours.

Exposition des Aigles

Dix aigles, le soleil et la lune, trois sphères et une maison ; dans la maison, une chaire ; sur cette chaire la statue d'un Sage ; c'est le lieu de l'art. Une table de marbre sur les genoux du Sage, divisée en deux moitiés qui ont une certaine différence ; elle est sur ses genoux et les doigts sont repliés sur elle. Et deux oiseaux dans une sphère, et une foule d'hommes considérant la statue, habillés de couleurs diverses. Les arcs aux pieds des aigles indiquent leur puissance et leur force ; et celles de leur origine du commencement à la fin. Par les aigles entend la substance volatile. La chaire désigne le lieu de l'opération et la forme des vaisseaux qui est dedans. Le soleil avec un rayon accompagnant le soleil avec deux rayons. Troisièmement, la lune demi-pleine revient toujours à la lune demi-pleine avec les deux oiseaux parce que, quatrièmement, c'est la diminution de cette lune pleine, ajoutée toutefois au soleil à deux rayons et cela jusqu'au terme de la fermentation ; alors tout est fait par les deux rayons. Mais venons-en maintenant à la table divisée en deux par le milieu. Je dis qu'il n'y a pas de doute que ces deux parties se rapportent et se réduisent à la forme circulaire ; elle doit être séparée par le milieu avec ses doigts, parce qu'ils sont ronds, comme sera le vaisseau de l'œuvre, parce que ses doigts sont extensibles, ronds, à la quantité de deux doigts au-dessus de l'Asthanor et de l'Althanor. Comme tu le vois dans la figure, il y a un escabeau [1], afin de conserver plus facilement l'argent vif.

Mais comment ces deux oiseaux peuvent-ils être dans une sphère ? Tu dois comprendre que l'on dit la sphère être ronde, le rond est la figure du ciel ; le ciel est transparent, la grande distance le rend efficace, mais la proximité le rend clair et en est la cause. Mais pourquoi ces deux oiseaux sont-ils tels que chacun tient la queue de l'autre ? Nous disons que c'est parce qu'ils sont homogènes, d'une seule nature, que l'un ne vaut rien sans l'autre, mais que l'un vient de l'autre, que par le magistère l'un parfait l'autre, que l'art vient d'eux et qu'il en est de même en tout, jusqu'à ce que l'un et l'autre retournent à leur origine ; alors il commence à

---

1. L'escabeau n'est pas dans la figure.

se faire une grande chose. Mais que signifient les divers personnages debout dans la maison, qui regardent ? Ceux qui sont à droite sont les divers opérateurs de l'art qui ne savent rien, sont étonnés par les paroles des philosophes et par l'art, qui sont hors de leur portée ; aussi sont-ils stupéfaits comme des insensés et orgueilleux qui croient que cela est impossible. Il y en a qui entrent à gauche, on dit qu'ils entrent à droite et à gauche parce que certains savent quelque chose de ce qu'ils doivent faire, mais ignorent l'opération. Ceux de gauche sont ceux qui n'ont rien de la chose et travaillent au rebours de la vérité.

Qu'en est-il de ces philosophes et du maître autour de la chambre ? Je dis que ce furent ceux qui ont découvert cet art, et le maître celui qui a composé ces figures en lettres hébraïques [1]. Comprenez pour premier inventeur Sem, fils de Noé, qui ne fut pas avant Hermès, mais lui succéda. On explique autrement cette table de marbre étendue sur les genoux du Sage, et comment elle est divisée par une certaine ligne par le milieu. Je dis que cette table montre tout l'œuvre et la manière d'opérer aux

---

1. Le dessin n'a pas reproduit les lettres hébraïques dont il est question page 2.

savants. Dans la première moitié, à droite, elle fait voir la moitié de l'œuvre, qui est l'opération Alkydram ; c'est l'opération du commencement jusqu'à ce qu'arrive la conjonction de l'oiseau et de l'oiseau. Cette opération est divisée en deux opérations, à savoir le soleil avec un rayon, laquelle opération montre que déjà l'agent a imprimé quelque chose de sa vertu et de sa puissance sur son sujet, ou patient, et dans l'arrosement le soleil avec un rayon est décrit. Mais quand les agents impriment quelque forme, le soleil est appelé avec deux rayons, comme serait une double puissance, ou comme s'il était doublé dans son effet relativement au premier.

Que signifie l'autre moitié à gauche, là où l'on voit la lune demi-pleine avec une sphère noire, et une autre sphère avec deux oiseaux ? On répondra que cela montre ce qu'est l'opération après la mort du lion, comment il ressuscite, et ce qu'est la disposition de l'âme ; et ce qu'on appelle la disposition du corps. Dans la lune demi-pleine est montré l'accident inséparable de son âme, comme étant sa maladie propre. Demi-pleine veut dire imperfection, mais comme le corps vivant dépend de l'âme, de même la lune demi-pleine dépend du soleil avec deux rayons. Et puisqu'on a dit qu'elle vient de la puissance de fermenter, ils tombent dans la sphère des deux oiseaux, desquels l'un semble mort, et est mort en vérité, tandis que l'autre est vivant. Le vivant rapporte à la lune demi-pleine, le mort au soleil avec deux rayons, ou en fermentation. Ces deux oiseaux sont ainsi liés en une sphère, le bec de l'un pendu à la queue de l'autre. Ainsi, la queue est attachée au bec dans la sphère elle-même ; parce que aussi bien la queue que le bec ont la même puissance et vertu, du fait de l'indivision de la nature et de l'homogénéité de l'un et de l'autre ; pas plus l'un que l'autre, par soi et en soi. C'est ainsi que ce qui est en haut est comme ce qui est en bas. Ne vois-tu pas que l'eau est homogène à l'eau ? Et je dis que le ferment de l'or, c'est l'or. Mais notre or, comme tu le comprends, n'est pas l'or vulgaire, à cause de ce que l'or vulgaire ne peut pas teindre qu'autant qu'il l'est en lui-même. Mais notre or, qui est à l'épreuve de toute décomposition, est au-dessus de toute chose possible ; et cela est oiseau et oiseau, n'est pas oiseau et oiseau, mais naît d'oiseau et oiseau cette forme fermentante fermentée. C'est ici le double ferment qui fermente lui-même, et c'est l'oiseau mort et fermenté, et l'oiseau vivant. Et de ces deux provient le ferment du ferment par excellence. Cela vient des opérations du magistère par lesquelles se réjouissent les philosophes. De sorte que dans la partie gauche, nous avons la lune demi-pleine et la sphère, et deux oiseaux et la sphère, et nous avons ainsi tout le nombre avec lequel nous serons maîtres de la table. On dit ce qu'est Alchanor ; c'est le lieu de la préparation, de la digestion et de l'action. Telle est sa disposition et sa forme qu'on le voit dans cette statue dépeinte comme ci-dessus.

Fin de la Table chimique de Senior

Telle qu'elle est imprimée aux gravures du Theatrum Chemicum et de la Bibliotheca Chemica, cette figure est confuse en ce qui concerne la Table, qui est la partie essentielle, et ne répond pas au texte.

J'ai reproduit l'ensemble, mais j'ai essayé de reconstituer les éléments de la Table en suivant la description et les explications du texte de Senior.

★★★

Lettre de Michel Psellos au Patriarche de Constantinople, Michel Xifilin, sur la Chrysopée

Traduction M.-N. B.

1. – Vous voyez ce que vous faites de moi, ô maître de mon âme, en me faisant descendre des hauteurs de la philosophie vers un art empirique et artisanal, et en me persuadant de transformer la matière et de modifier la nature, bien que ceci relève peut-être de la philosophie et dépende de la science de la nature.

Beaucoup considèrent que cet art est un secret auquel il faut être initié, et n'entreprennent d'en référer à aucune des sciences rationnelles. Pour ma part, cette question suscita en moi un grand étonnement, mais j'accordai peu d'importance à ce qu'on racontait, et je considérai qu'il s'agissait de choses monstrueuses.

Mais puisque vous m'avez assigné la tâche, comme Eurysthée, de vous ramener des pommes d'or en changeant en or le plomb, l'étain ou une autre des œuvres de la nature, je suis remonté – ce que je fais toujours pour tout travail – au principe premier, j'ai cherché la cause des phénomènes afin que, si je trouve un principe rationnel des phénomènes, je commence par là et recherche la compréhension selon une voie scientifique, sinon je laisserai tomber la question.

2. – Pratiquant ce type d'examen, cherchant et passant d'une chose à une autre, je suis arrivé à la nature même des éléments dont nous parlons, à partir desquels les autres sont formés et dans lesquels retournent les choses qui se dissolvent.

Je pensais, en effet, non sans raison, que les choses formées des éléments à partir desquels elles tirent leur existence, tirent aussi de là les états qu'elles subissent. Puisque toute chose est un mélange des quatre éléments, les unes tirent leur nom de la terre – tout ce qui est en terre et sec –, d'autres le tirent de l'air – tout ce qui est plus léger et plus spirituel –, d'autres participent de la substance du feu – tout ce qui est plus chaud et plus lumineux –, d'autres viennent de l'eau – tout ce qui est visqueux, glissant ou tout ce qui habituellement contracte, condense et rend rugueuse une surface, ce qui à l'évidence est l'activité de la mer. Celle-ci est plus élémentaire que les autres eaux, car les fleuves n'engendrent pas la mer comme le pense le vulgaire, mais ils s'emplissent grâce aux vapeurs et grossissent, puis s'y jettent. Si donc une chose un peu épaisse devient humide, ce n'est rien d'autre que de la terre qui est devenue eau. Si une chose plus mince ou plus clairsemée est devenue plus épaisse, c'est soit du feu qui s'est changé en air, ou de l'air qui s'est changé en feu, ou de l'eau qui s'est changée en terre.

3. – Je cherchai donc si le même changement se trouvait aussi dans les éléments premiers. Car je pensais que si le feu se changeait en air, l'air en eau, l'eau en terre, et si la transformation des choses d'en-bas en choses d'en-haut donnait le même résultat, il ne pourrait rien arriver d'autre que le changement des éléments terrestres en éléments liquides, et le changement de ceux-ci en air, puis en feu. Ainsi donc, en parcourant la science de la nature et en fréquentant des philosophes compétents, j'ai trouvé que les choses naissent les unes des autres, et que l'une engendre l'autre – car des choses qui sont semblables tour à tour subissent et agissent, et par voie d'épaississement ou de raréfaction, elles modifient leur nature. En effet, l'eau épaissie se durcit en glace et la glace

« amincie » redevient eau, celle-ci se désagrégeant en vapeur devient air et celui-ci, une fois réchauffé, se transforme finalement en feu. Mais le feu, refroidi, change en quelque sorte sa nature en air, celui-ci, épaissi, donne corps à des nuages ; l'eau est de nature céleste et lorsqu'elle s'épaissit, elle se transforme en haut en neige ou en grêle, en bas en glace.

4. – Il n'y a pas très longtemps (j'étais alors un éphèbe ou même encore moins âgé, et j'étudiais le principe de la philosophie), j'ai vu une racine de chêne, je crois, complètement changée en pierre et la chose était étonnante à voir, car elle participait de deux natures ; elle était constituée de jeunes pousses pleines de fibres conformément à la nature des arbres, et était recouverte d'une écorce dure, en partie plissée et en partie rétrécie dans des trous en forme de nombrils ; mais tout était dur, et en pure pierre. A ce moment-là, je me suis simplement étonné et j'ai laissé la question de côté, mais plus tard, alors que je progressais en philosophie, j'ai pensé que le chêne avait été renversé par la foudre, non par celle qui brûle et qui noircit, mais par une autre plus légère et plus rapide qui, s'introduisant dans les trous du chêne, y consumant toute l'humidité et épuisant l'air qui

se trouvait dans les trous, a condensé ensemble les fibres séparées et a transformé la rareté du bois en la dureté de la pierre. Le géographe Strabon raconte lui aussi qu'un type de source très froide donne une dureté semblable à celle de nature moins consistante, ce qui est beaucoup plus étonnant que les changements opérés par le feu.

5. – Puisque nous avons suffisamment exposé en préambule que les transformations des matières viennent d'une altération naturelle et non d'une parole magique, d'un procédé extraordinaire ou d'un mystère – c'est pourquoi on ne doit pas s'en émerveiller – j'en viens désormais à l'art proprement dit de la transformation.

Je voulais vous faire un traité général sur cet art, examiner soigneusement le travail des matières, l'action de condenser et de raréfier les natures, le travail des couleurs et leur altération, expliquer ce qui rend moins dense la glace ou l'hyacinthe, comment on peut fabriquer l'émeraude ou le béryl, alors qu'ils n'existent pas, quelle est la nature de ce qui amollit toutes les pierres, comment la perle se dissout et se change en eau, comment elle redevient à nouveau compacte et s'arrondit, quelle est la raison de leur blancheur, et je voulais tout simplement ne laisser aucun de ces phénomènes naturels sans l'examiner, faire de mon enseignement un art et l'exposer selon les règles. Mais puisque vous ne me laissez pas perdre de temps dans ces détails, ni consacrer mon ardeur dans des choses que vous méprisez et que m'avez seulement demandé d'expliquer à partir de quelles matières et grâce à quelle science on peut fabriquer de l'or, je vous exposerai seulement cette technique.

Vous avez souvent entendu des gens parler de cela, en avez été émerveillé et vous cherchez les raisons de ce qui vous émerveille, non pour vous asseoir sur des trésors remplis d'or, mais pour entrer dans les mystères de la nature et admirer ses secrets. Je reconnais vraiment l'élan de l'âme du philosophe et je vous félicite de votre curiosité qui a conduit les philosophes antiques, et en particulier Platon, en Egypte, en Sicile et dans de nombreuses parties de la Lybie, afin de voir le feu de l'Etna, les crues du Nil, les pyramides sans ombre et les cavernes souterraines dans lesquelles ils expliquaient leurs pensées à leurs disciples en secret.

6. – Je sais que vous êtes irrité de cette digression, et préférez la contemplation du

temple aux aspersions d'eau lustrale. C'est donc assez des préliminaires : voilà que le temple s'ouvre à vous. Mais attendez encore un peu : de même qu'il n'y a pas seulement une qualité qui rend initié ou philosophe, de même ce n'est pas non plus la vertu d'une seule matière qui accomplit totalement la fabrication de l'or ; d'autres matières y contribuent différemment ; elles sont nombreuses à permettre sa fabrication, et une seule matière en permet l'achèvement. Mais moi, je ne vous parlerai pas à la manière de l'éléphant ; en effet, cet animal possède la vertu de délivrer des douleurs de la tête à partir de sa respiration. Si ceux qui le fréquentent souffrent d'un coup à la tête, ils lui apportent quelque chose à manger comme un salaire, et mettent leur partie douloureuse sous sa bouche. Si l'éléphant voit un repas de qualité, il ouvre ses mâchoires non pas une, mais deux, peut-être même trois fois et souffle sur la douleur. Mais si ce qu'on lui donne est méprisable, il ne souffle qu'une seule fois sur elle. Mais moi, j'ouvrirai souvent la bouche comme les cantatrices, libérant sans cesse souffle sur souffle. Car il me faut un grand souffle ; car vous m'avez assis sur le siège d'un fourneau, et je tiens prêts l'entonnoir et les moules.

7. – Voici donc la première étape de la fabrication de l'or. Il existe un sable en bord de mer appelé aurifique à cause de sa couleur. certains l'appellent même « chrysammon » (sable d'or). Il faut le réduire en fine poussière dans un mortier hermétique, et le rendre vaporeux, puis le refroidir et le faire sécher afin de désunir les particules vaporeuses. Puisqu'il faut le contracter et le chauffer, contractez-le avec du sel, et chauffez-le par le feu en l'y laissant pendant un jour et une nuit. Ensuite, prenez le mortier, lavez la substance salée avec de l'eau, mettez le produit, puis placez à nouveau le vase sur le feu, trempez la poudre avec du vinaigre en le répandant goutte à goutte, afin qu'elle soit en même temps mouillée et sèche. Ayant fait cela quatre fois, fondez séparément l'argent et le plomb, puis versez-les ensemble dans le mortier jusqu'à ce qu'ils soient fondus l'un dans l'autre et ne forment qu'un, puis enlevez la substance du feu et laissez-la refroidir pendant trois heures. Vous verrez la totalité sèche puis, en la nettoyant avec du sable, vous trouverez l'or.

8. – Si vous voulez, faites également ceci : broyez ensemble et réduisez en poudre de l'arsenic rouge, du vitriol bleu, de l'arsenic, du soufre naturel et du cinabre ; rendez le mélange

visqueux, versez-le dans un verre pur dont l'ouverture doit être étroite, comme les vases de Thériklès, fermez l'ouverture avec de l'argile, chauffez-le sur le feu pendant une journée, puis retirez l'argile. Vous trouverez le mélange sec, semblable à de la poix. Réduisez à nouveau ce corps en poussière, transvasez-le dans un vase en argile, prenez l'ensemble et placez-le près du feu. Vous découvrirez du jaune. Après l'avoir mis dans un creuset, chauffez-le par le feu et jetez dessus un peu d'argent. Et après avoir fondu et refroidi la substance, vous trouverez l'or.

9. – Si vous preniez également de la magnésie blanche et une quantité égale à la paillette (d'or) qui a été au préalable très bien préparée, vous pourriez les broyer ensemble, les cuire avec de l'huile de raifort et vous obtiendrez, grâce à cette fonte, l'or. Et si sa couleur ne brille pas, en le frottant avec du sel, de la terre vitriolique, de la rouille de fer qui sont broyés avec du vinaigre et qui mêlent leurs vertus, vous produirez un corps qui ressemble davantage à l'or que les paillettes d'or qui proviennent du Pactole.

10. – Si, ayant l'or, vous désiriez en doubler la quantité sans diminuer sa qualité, pesez-le, contrebalancez le poids double de l'or par deux fois plus de terre vitriolique et de limaille d'ébène, afin d'avoir avec ces deux produits quatre fois le poids de l'or. Après les avoir mélangés, mêlez-les à l'or, mettez le tout dans un creuset, faites-le chauffer, sortez-le et vous serez deux fois plus riche qu'auparavant.

11. – Mais je m'arrête, car j'ai reçu la tâche non pas de faire briller l'or ou d'en augmenter la quantité, mais de le fabriquer. Je vais donc le fabriquer, même si ma démarche, au passage, a passé en revue d'autres techniques. Le cinabre et la rouille de fer qui est d'un jaune d'or, appliqués comme des formes naturelles à la matière lunaire, engendrent le corps de l'or. Si vous faites fondre de l'argent, que vous mélangez les produits et que vous les trempez ensemble, la lune deviendra soleil et, en coupant dans l'épaisseur, vous trouverez la couleur et l'argent convertis en or, avec la facilité que permet tout ce qui a la nature de l'or. La lune fait le soleil, mais le soleil ne fait pas la lune. Car elle seule tire sa lumière de lui. Pas seulement la lune d'ailleurs, mais aussi Aphrodite, qui est la servante de la grande lumière. Donc étalez le

corps du cuivre autant qu'il convient, travaillez-le comme une longue langue, puis placez-la sur les charbons, en stimulant Héphaïstos sur elle ; en répandant tour à tour tantôt du sel minéral, tantôt de l'eau attique, en arrangeant successivement la poitrine et les bras de la déesse de Paphos. Alors elle sera soudain plus belle et, perdant sa couleur originelle, elle vous apparaîtra d'un jaune d'or, semblable à Aphrodite lorsque Pâris la vit et la préféra à Héra et à Pallas.

12. – Puisque nous avons parlé plus haut de la préparation, donnons sa définition. Comme nous avons besoin de la teinture d'or pour notre travail, il est tout d'abord nécessaire d'avoir le produit pour pouvoir l'utiliser au bon moment. Vous ferez ainsi la couleur : le borax est une fleur qui pousse en Macédoine. Nettoyez-la à plusieurs reprises avec de l'eau douce, puis déliez-la et mélangez-la avec du vert-de-gris de Scythie et de la topaze. Puis plongez-la dans de l'excrément humide, gardez-la dans un verre transparent, chauffez-la à la lumière d'un feu pendant une journée entière. Vous fabriquerez un produit à base de feu. Vous avez en même temps la signification de la préparation et la manière de fabriquer une teinture.

13. – Vous pouvez également fabriquer l'or de la sorte : liquéfiez du plomb dans du feu, répandez du soufre naturel sur lui et laissez sur le feu jusqu'à ce que se dégagent les émanations de soufre. Puis prenez un poids égal d'alun et de cinabre, mélangez-les à de l'oxymel et répandez le tout sur le plomb fondu. L'or naîtra de ce mélange, prenant la dureté de l'un et la couleur des autres par tous ses pores, et c'est de la conjonction de ces différents éléments que sort l'or dans son achèvement.

14. – Mais quoi ! Nous vous révèlerions rapidement toute la sagesse de Démocrite et ne livrerions rien de ce qui est caché ? Ni ceux qui initient aux Mystères, ni l'évocation mystérieuse des dieux ne disent cela. Mais des époques déterminées ont suscité le guide des Mystères. L'initié mit fin aussitôt à la fureur bacchique et ne manifesta pas de hâte à recevoir le mot d'ordre. Mais ne le prenez pas mal si je me présente moi-même à vous, qui êtes le premier maître divin des Mystères, comme un autre maître des Mystères. Car vous enseignez les choses principales, vous faites descendre le Divin et faites sortir l'âme et vous unissez l'esprit à un autre esprit tiré des esprits que contient la matière, tandis que moi, j'ai été pré-

cipité quelque part en bas, j'observe la nature et ne me suis pas encore tourné vers l'invisible, car je n'ai pas encore la vue assez perçante.

15. – Savez-vous ce que nous allons faire ? Moi, je suis chargé des choses invisibles de la terre, et vous, vous avez en mains les choses d'en-haut. Mettons donc en commun ce que nous possédons : vous me livrerez le fruit de votre belle contemplation, et je vous livrerai les effets naturels. Mais voyez-vous comment je vais procéder avec vous ? J'ai fait jaillir des sources d'or sans secouer le mont Athos, sans déplacer le mont Pangaeon, sans percer aucune des veines d'or souterraines, mais en frottant des pierres ensemble et en mélangeant des herbes, je vous ai fabriqué simplement et à peu de frais cet or qui a tant de valeur. A votre tour, faites pour moi quelque chose de semblable ; sans chercher à m'élever et à me transporter dans les airs, montrez-moi, à l'aide de quelque force magique, le bien qui, sur terre, est supra-céleste. Car cela n'existe nulle part, et même lorsqu'il se présente dans quelque partie du monde, il échappe à la connaissance du vulgaire et ce que nous possédons à l'intérieur de nous, nous le cherchons en errant dans le ciel. Mais élancez-vous pour qu'il soit à la fois

proche et éloigné, non pas à cause du lieu, mais à cause de sa disposition. Dites-moi quelle est la raison de la descente de l'esprit, puis quand il est descendu, comment il peut à nouveau s'élever.

Et surtout, conduisez-moi par la main vers la divinité, et si la voie est très étroite, je m'en contenterai, pourvu qu'elle me permette d'y arriver. Si vous me guidez dans ces mystères, je vous informerai de tous les travaux de la science et de la nature, je n'omettrai aucune invention de l'antique sagesse secrète et je vous aiderai aussi à trouver, si vous voulez, les minerais souterrains. Mais si je suis très généreux avec vous, et si vous ne me réveliez pas votre science en refusant d'échanger les armes d'or pour celles de fer, pas même dans ce cas je ne me désisterai ni ne vous accuserai d'ingratitude, mais je saurai que dans le verre, la lumière du soleil qui vient s'y heurter s'allume davantage. Voulez-vous que je vous dise ce que je demande avant tout ? Aimez-moi davantage.

Votre œuvre, ô vous, âme sacrée, ne vous rend pas inférieur à ceux qui, grâce à leur chrysopée, tirent gloire de l'admiration qu'ils suscitent. Et ils sont pour moi amusants à regarder, d'une part ceux qui croient seulement à la technique des jaunes d'œuf, brisent aussitôt la coquille et campent devant leur fourneau, d'autre part ceux qui sont troublés et énumèrent les monstres de la nature. Et ils ne savent pas que *les dieux possèdent les moyens d'existence pour les hommes, mais les leur cachent,* comme le dit si bien le vers d'Hésiode, et qu'il n'est pas possible de trouver facilement une telle abondance de ressources, et qu'en toutes choses, rien ne passe aisément d'une matière inférieure à une matière supérieure, mais qu'il faut broyer les matières, les faire disparaître en les liquéfiant, en les vaporisant, en les réduisant en fumée et faire tout ce que le sage Pebichios, grâce à l'héritage d'Ostanès qu'il a enfermé pour ainsi dire dans les mots, a transmis dans son art. En effet, il a mis de l'ombre sur la salaison des matières, le poids, l'action de jaunir, les instruments, le fourneau et la cuisson. Cela, Hermès aussi l'avait fait avant. C'est pourquoi on a appelé le livre traitant de ce sujet sa *Clef.* Seul Anubis explique ses sept livres, mais pas même clairement.

Fragment de l'entretien très subtil de Rachidibid, Veradien, Rhodien, Philosophes du Roi des Perses, sur la nature de la Pierre Philosophale

Traduction J.-F. G.

Rachidibid, fils de Zetheibid, philosophe du Roi des Perses et prince des Romains, dit : « Le sperme de la pierre est froid et humide, dans son aspect manifeste ; tandis qu'il est chaud et sec dans son occulte ». Il dit donc : « Fais en sorte que le froid et l'humide soient occultes, et que le chaud et sec soient manifestes. Ainsi, sans que jamais ils soient diminués, son froid et son humide seront cachés. Si, en effet, ils étaient diminués, la pierre le serait aussi. Donc, quand le froid et l'humide seront cachés, tu feras en sorte qu'en les cachant tu fasses apparaître ensemble le chaud et le sec qui étaient cachés, et de les rendre manifestes ; qu'ainsi l'esprit devienne corps en deux degrés, qu'il en soit fait une masse de sang et de chair ».

Rhodien dit : « Le sperme est blanc et liquide. Dans le lien convenable, cette liqueur forme pour commencer une masse en 5 jours, puis reçoit du Dieu Tout-Puissant la chair, le sang et l'image des membres et son aspect naturel. Il vient au jour, brille et naît en son temps ; en cela il y a 2 degrés et 7. Maintenant, nous allons parler du second sperme ».

Veradien dit au sujet du second sperme que lui seul est la pierre, que rien au monde ne lui est semblable, qu'il se conçoit, se féconde, s'enfante et naît de lui-même. En cela, on entend ne parler que d'une seule pierre, qui est appelée sperme blanc et liquide, et ensuite est rouge.

Rhodien dit encore que ce sperme est une certaine pierre, qui est fugitive par suite du chaud et du sec ; elle est aérienne et volatile ; froide et humide, chaude et sèche. Après que ce vivant soit mort de la mort rouge, son compagnon meurt alors par la chaleur et la sécheresse ; ainsi il ne fuit pas de ce qui est chaud ; il ne fuit pas le feu, il n'émet pas de fumée, il ne fait pas de bruit ; il fond comme la cire ; il est comme une huile. Il est sec, et cette siccité teint d'une teinture rouge et blanche.

Ainsi l'esprit est fait corps, puis ce corps est changé en esprit. Ensuite, il en est fait une eau claire sans aucun trouble ni à la partie inférieure, ni à la partie supérieure. Toutes ses particules sont séparées par l'eau, en sorte que ne soit pas contrariée l'action de la teinture pénétrante et liante qui doit retenir et atteindre toutes les parties corporelles des métaux. Cette teinture restera en eux pour toujours ; et par cette teinture tous les morts sont vivifiés pour vivre à jamais. C'est là le premier ferment élémenté qui est (au degré) de la lune. C'est la lumière de toutes les lumières, la fleur et le fruit de toute lumière qui illumine tout ; la vive et vraie teinture rouge et blanche, l'huile des teintures rectificatives.

Donne-lui donc le second ferment fermenté par tout élément élémenté par égalité ; qui est l'or. Donne-lui le quart. Celui-ci devra cependant avoir été préalablement calciné et dissout dans l'eau. Cette eau, en effet, est l'eau élémentée par tous les éléments par égalité. Donne-lui à nouveau le second ferment. Lorsque je parle du second, j'entends parler du deuxième lien en lequel est la teinture sulfureuse, qui est appelée : « l'huile qui se trouve dans les liens ». C'est le vitriol très vert et très purifié, très brillant, qui doit être changé en eau.

Donne-lui encore l'eau safranique faite avec *endacuto* comme l'eau du cuivre vert, qui est le venin (ou la teinture) du mercure. Et donne au mercure de l'eau préparée dans son esprit, que tu as extrait de son corps. Tu auras ainsi mortifié ce corps pour préparer l'eau d'argent vif.

Cette eau préparée, c'est-à-dire l'eau d'argent vif, est comme de l'argent vif changé en eau qui ne fuit pas le feu fort; quoiqu'elle ne se tourne pas en substance, mais reste dans sa forme vive.

De chacun de ceux-ci, donne-lui autant que sa propre quantité. Donne-lui aussi le sel ammoniac, qui est l'esprit précieux, résolutif et coagulatif, changé en eau. Cependant, il doit d'abord avoir été sublimé 5 ou 7 fois; qu'il y en ait le double du premier ferment.

Donne-lui donc de l'eau sèche et chaude, courante, avec un fort éclairement, par une imbibition subtile, c'est-à-dire goutte à goutte; si tu lui donnes moins de cette boisson, il sera mieux mélangé. Fais cela à la chaleur du soleil ou à la lente chaleur de cendre, où tout cela pourra être fait. Toutes ces eaux sont mélangées d'abord pendant 21 jours, bouillant ensemble et devenant une substance, dans un lieu très propre et chaud. Elle est ensuite congelée en pierre et est à nouveau tournée en eau.

Parmi tout cela, l'Anatron ou sel nitre, ou sel gemme, ou Alkali, possède une grande efficacité. Après donc que les choses congelées soient tournées en eau, elles sont imprégnées, bues par le rouge qui endure une longue et grande soif; jusqu'à ce qu'il y en ait le double de ce qu'il représente. En cela Atinkar est très efficace.

Toutes ces choses-là surnagent au-dessus d'une once de cette eau, avec de l'eau de sel ammoniac vif, afin que les petites parties fugitives soient mieux dissoutes.

Deuxièmement, en couleur rouge, ou jaune, ou verte, ou bleue, mais parmi les couleurs la verte brille le plus. Mets-en la composition dans le vase rond afin qu'elle soit dissoute en eau claire du fond à la surface comme le miel épuré. Ensuite, elle sera congelée dans le lieu des congélations, en pierre tantôt verte, tantôt rouge, tantôt jaune, ou céleste, et à nouveau dissoute et congelée deux ou trois fois. C'est la duplication, la triplication, la quadruplication et la sublimation très subtile entre toutes.

Les philosophes du roi des Perses dirent : « Nous prenons le froid humide aqueux purifié de toutes ses superfluités et du plomb ; et par une pure et considérable décoction, il est desséché de son humide, dans la décoction au soleil et son habillement humide ; et c'est le plus beau chapitre ».

Kamid dit à ceux qui désirent connaître cette merveille au-dessus de toutes les autres merveilles que de l'humide aqueux froid et brûlé, dans un seul feu sans qu'il soit tempéré par l'eau, sont faites toutes les distillations, sublimations et calcinations, rubifications et morts de ce mercure; alors l'amitié est faite entre lui et le feu; il court comme de l'huile en un clin d'œil, parce que l'huile est entrante, pénétrante, agrégative, miscible, coagulante, persévérante; elle vainc en effet toute chose subtile et pénètre toute chose solide. Elle est conjoignante, insinuante, dépurative. Elle est appelée huile vive, couleur vive et rectifiée, qui fait ressusciter tous les morts. C'est le ferment supérieur à tous les ferments, qui se féconde en lui-même et accouche de lui-même. De là tous ceux qui cherchent cette science doivent savoir de quelle manière elle est, de quelle manière elle n'est pas, de quelle manière elle peut être faite; et s'ils échouent, de quelle manière ils peuvent remédier. Après tout cela, il leur faut connaître toutes les choses qui sont nécessaires concernant le travail; et les épreuves claires et manifestes.

La première de toutes les épreuves est celle qui se fait quand on est à la fin, au second terme. On en met une petite quantité sur une plaque de fer rouge; si elle fond comme la cire, ne fait pas de fumée, ne crépite pas, mais s'écoule partout et teint la lame de fer, ou de cuivre, ou d'argent, et se fige avec elle, ne craint pas le feu, n'y est pas diminuée, ne se sépare pas du tout, du métal, alors elle est parfaite. Et c'est là la véritable épreuve supérieure à toutes les épreuves.

Mais si elle ne présente pas ces signes, remets-la au feu jusqu'à ce qu'elle soit ainsi. Toutes ces épreuves doivent être faites entre la première et la seconde solution et congélation.

Après cela, il faut savoir quelles sont les choses qui doivent être conjointes avec le mort. De ces conjonctions il y a la couleur safranique, que l'on voit dans le feu ; la couleur du vitriol, de la fleur du cuivre qui est le venin du mercure ; du sel de chaux ; l'eau du mercure préparée pour qu'elle ne s'en aille pas au feu ; c'est l'eau vive et permanente ; c'est l'esprit rectifié et le sel ammoniac antique.

Que toutes ces choses-là soient dissoutes chacune à part dans l'eau. Après quoi toutes seront mélangées et congelées à un feu lent. Il en est fait ainsi un corps vivant. Ce corps est ensuite redissout dans l'eau ; c'est ainsi que se fait la commixtion.

Tous les philosophes de Perse furent rassemblés en un lieu dans la partie montagneuse. C'était un endroit secret et odoriférant. Parmi eux, beaucoup parlèrent de nombreuses manières des teintures qui teignent les métaux et les changent au soleil de haut degré et précieux. Et cette forme de teinture qui est plus précieuse que les plus hautes teintures, c'est ici qu'elle est manifestée entre eux par la grâce divine ; à savoir que deux parties embrassent tout le travail alchimique. La première partie fournit la « chose molle » en poids. La deuxième multiplie la première en mille milliers d'autres parties de soleil précieux par la grâce de Dieu.

En effet, il en est ainsi : lorsque à l'aide d'une ingénieuse tige [1] de fer, cette Alchimie est projetée sur l'eau dure, et liquide dans le feu, elle devient une certaine eau blanche ; et une autre blanchâtre et molle ; elle coule aussitôt ou vite au feu, court, et sa fille est rouge et dure ; c'est l'huile des teintures, que nous appelons ainsi, qui pénètre toutes ces eaux ; en y entrant, elle fait amitié avec elles, une unité citrine, qui ne se sépare pas au feu, ni ne s'y diminue pour l'éternité.

De plus, rappelons-nous ce qui a été dit plus haut, à savoir que le premier terme mortifie par la froideur et l'humidité entièrement et qu'il rougit les « termes ». Le deuxième terme complète la mort du premier mort et augmente la

---

1. Ou « tuyau de fer ».

rougeur. Il se fait une masse écailleuse et feuilletée comme une pomme de pin brillante, éclatante comme des feuilles d'or. Elle se divise et teint, ainsi qu'elle le doit, au citrin.

C'est là la rectification du mercure, qui est l'huile fixe subtiliative, qui rectifie tous les métaux corrompus, les amène à l'état de santé, à une meilleure nature.

C'est ainsi qu'il est prouvé que ce mort est mort. Après cela on lui donne le ferment fermenté en égalité par toutes les natures, dont nous avons parlé, qui est le premier ferment; c'est-à-dire le second du premier, et le premier lien. Ensuite on lui donne le second du deuxième, c'est-à-dire le lien vert dissout dans une ampoule. Puis la fleur du cuivre qui est le venin (la teinture) et l'eau safranique, l'eau de sel ammoniac, l'eau antique, laquelle est un dissolvant pour tous les corps et pour tous les esprits, et est un congélatif pour eux tous.

Remémorons-nous les instruments dans lesquels doivent être faites toutes les décoctions du travail d'alchimie; et parmi celles-ci, quelle est la première, qui est naturelle et nous montre toutes les opérations de l'Alchimie, qui sont au nombre de sept? C'est celle-là qui nous démontre toutes les distillations et sublimations, toutes les calcinations, résolutions, congélations et mortifications, suivant la manière de l'art du feu. Il y a un certain art dans l'art d'alchimie, qui travaille avec cinq feux. Desquels le premier est blanc, le deuxième jaune, le troisième vert, le quatrième très rouge comme le rubis ; tandis que le cinquième achève tout l'œuvre en athanor en sept jours et nuits.

Ainsi, on voit qu'après avoir reçu le souffle du commencement, il faut sept jours jusqu'à ce qu'il soit congelé dans le fond. On voit qu'il est presque noir, rubicond, à cause de la plénitude de sa couleur rouge. Celle-ci est la très solide opération de l'Alchimie, qui combat contre le feu, qui résiste à toutes les épreuves. C'est le travail de cette couleur qui est extraite de phaulet ou endanitre.

L'intérieur est entièrement mercure ; la croûte est phaulet. De ce mercure peut être fait le parfait œuvre alchimique.

Et je dis que tous les métaux, dans l'intérieur, sont soleil et lune, suivant tous ceux qui ont connu cet art. Et ce phaulet peut être fait safran, qui est la couleur du phaulet pour teindre au soleil.

*Cet ouvrage
a été achevé d'imprimer
par l'Imprimerie Sagim
sur système Variquik à Courtry
en octobre 1993
pour le compte des Éditions Dervy*

*Imprimé en France
Dépôt légal : octobre 1993
N° d'impression : 523*